言語学バーリ・トゥード

Round 1

AIは「絶対に押すなよ」を理解できるか

GENGOGAKU Vale Tudo 1

川添愛

Ai Kawazoe

東京大学出版会

GENGOGAKU Vale Tudo
Ai KAWAZOE
University of Tokyo Press, 2021
ISBN978-4-13-084101-6

この本を手に取ってくださった皆様へ

言葉の理解のために、文脈の理解は不可欠だ。

たとえば、誰かが「時は来た！」と言ったとしよう。日本語だし、何ら難しい用語なども入っていないので、意味自体は明解だ。しかし文脈によって、いったいその人が何について、またどういうつもりでそう言ったのかが大きく変わってくる。

もし予備校の熱血教師が受験目前の生徒たちに向かってそう言ったならば、それは間違いなく生徒たちに対する激励だろう。また、どっかの会社の（自）意識高めの社長がそう言ったならば、何か新しいプロジェクトを始めるという宣言かもしれない。その一方で、もしプロレス好きの人が酒に酔ってそう言っているのであれば、単に橋本真也のモノマネ[i]をしている可能性が高い。その場合は、「は？　何か始めるの？」などと訊くのは野暮で、すかさず「橋本の隣で笑いをこらえる蝶野」のモノマネをして返すのが最高の作法というものだ。

こんなふうに言葉というのは、文脈がはっきりしないと適切に理解できない代物だ。実はこの本の内容にも、文脈が分からないと理解できない部分がある。ここでは、この本を読もうとしてくださっている方々のためにそのあたりを説明しておきたい。

まず重要なのは、この本が『ＵＰ』という冊子の連載をまとめたものだということだ。『ＵＰ』をご存じの（稀有な）方は、昔懐かしのゲームブックの要領で、このまま本文にお進みいただけるといい。だが、おそらくほとんどの方は『ＵＰ』をご存じなく、「『アップ』？　駅とかに置いてある、働く大人向けのフリーペーパーかな？」とか「通販の健康食品に付いてくる、すこやか系の冊子？」などと思われるかもしれない。しかしそういう人でも、東京大学は知っておられるだろう。その東京大学の出版部として設立された組織に「東京大学出版会」というのがあり、そこが毎月発行している冊子が『ＵＰ』なのだ。

ちなみに『ＵＰ』の読み方は「アップ」でなく「ユーピー」で、University Press（大学出版）の頭文字を取った名前らしい。筆者はその『ＵＰ』に、二〇一八年四月から三ヶ月に一回の頻度で文章を載せており、この本には二〇二〇年一月掲載分までの十二回分と、書き下ろし四回分が載っている。

この本に何やら東大がからんでいるということを聞いて、高尚な内容を想像される方もいらっしゃるかもしれない。実際、『UP』の執筆陣は東大その他の大学の先生とかが中心で、載っている文章もフルコースのディナーのごとく、知的な意味で美味かつ栄養豊富なものが多い。しかも〆のデザートは毎号、山口晃画伯の漫画という豪華さだ。ただし、筆者の連載はどちらかというとイロモノ枠で、フルコースの途中で出てくる「お口直しのシャーベット」程度の位置づけである。この本を手にとってくださった方のほとんどは「言語学」という知的ワードに惹かれていらっしゃることと思うが、言葉の本質を抽出した滋味溢れる文章を期待されると、丸くてちっこいシャーベットばかりが出てくることにがっかりされるかもしれない。できれば、最初から「箸休め的な内容しか載っていない」ことをご了承いただいた上で、読むかどうかをご判断いただきたい。

すでにここまでで多くの読者を振り落としてしまった気がするが、とりあえず、この連載に

i ――「時は来た!」は、一九九〇年、新日本プロレスで当時若手だった橋本真也・蝶野正洋のタッグが超ベテランのアントニオ猪木・坂口征二に挑む前、控え室で橋本が発した有名なコメント。正しくは、「時は来た! それだけだ」であり、意表を突かれたパートナーの蝶野が思わず笑ってしまうところまでが1セットである。対する猪木・坂口組の控え室でも、「もし負けるということがあると……」と弱気なことを言ってきたレポーターに対し、猪木が「出る前に負けること考えるバカいるかよ!」と一喝した上ビンタをかますという事件が起こっている。

登場しがちなイカしたメンバーを紹介する。

筆者（川添）：かつて研究者として働いていた人間で、数年前からフリーで本などを書いて生計を立てている。専門は言語学で、訳あって人工知能の分野にもしばらくいたことがある。昭和生まれのプロレス好き。東京大学とは無関係。

T嬢（仮名）：東京大学出版会の編集者。この連載の編集を担当している。後述のSTO先生の担当でもある。一度も携帯電話を持ったことがないらしい。

STO先生（仮名）：東京大学の先生で、宇宙物理学がご専門。『UP』で、長寿人気連載「注文《ちゅうぶん》の多い雑文」を担当している。同連載は、物理学や科学全般に関するトピックを親しみやすい形で取り上げつつ、膨大な注に爆笑ネタを仕込むという独自のスタイルを確立している。(ii) ちなみに本書の第一回で「『UP』の某人気連載」と言及しているのはSTO先生の連載のことである。筆者がSTOスタイルを若干パクリ気味で書いているせいもあってか、たまにクレームを入れてくる。T嬢同様、一度も携帯電話を持ったことがないらしい。

以上を押さえればもう怖いものなしだ。さあ、時は来た！　早速、昔懐かしのゲームブックの要領で本文にお進みいただきたい。そしてできれば、そのまま本書をレジに持っていってご購入いただければ幸いである。


ii——STO先生の連載の過去の内容は、以下の書籍で読むことができる。

須藤靖『人生一般ニ相対論』東京大学出版会、二〇一〇年。

須藤靖『三日月とクロワッサン——宇宙物理学者の天文学的人生論』毎日新聞出版、二〇一三年。

須藤靖『宇宙人の見る地球』毎日新聞出版、二〇一四年。

須藤靖『情けは宇宙のためならず——物理学者の見る世界』毎日新聞出版、二〇一八年。

CONTENTS

この本を手に取ってくださった皆様へ　i

\01/ 「こんばんは事件」の謎に迫る　2

\02/ AIは「絶対に押すなよ」を理解できるか　14

\03/ 注文《ちゅうぶん》が多めの謝罪文　25

\04/ 恋人{は／が}サンタクロース？　38

\05/ 違う、そうじゃない　51

\06/ 宇宙人の言葉　63

\07/ 一般化しすぎる私たち　76

\08/ たったひとつの冴えたAnswer　88

\09/ 本当は怖い「前提」の話 99

\10/ チェコ語、始めました 112

\11/ あたらしい娯楽を考える 125

\12/ ニセ英語の世界 139

\13/ ドラゴンという名の現象《フェノメノン》 151

\14/ ことば地獄めぐり 166

\15/ 記憶に残る理由 182

\16/ 草が生えた瞬間 195

あとがき 207

イラスト・コジマ　コウヨウ

言語学バーリ・トゥード
——Round1 AIは「絶対に押すなよ」を理解できるか

01 「こんばんは事件」の謎に迫る

　このたび、この『UP』に定期的に文章を載せていただくことになった。光栄なことだが、正直何を書いたらいいのか分からない。担当編集者は「なんでもいいですよ」と言う。しかし「なんでもあり」といっても、たいていは暗黙の制限があったりするものだ。かつて格闘技界を席巻したマーシャルアーツ（全米プロ空手）は、「米軍の殺し技ばかりを集めた格闘技」という触れ込みだったが、実際は「ローキック禁止」などの制限があった。若手時代の前田日明は、アントニオ猪木とのスパーリング時に「どんな攻撃でもしていい」と言われたのを真に受け、猪木に金的と目つぶしを食らわし、先輩レスラーたちにボコボコにされたという。そういった事例を考えると、今回の「なんでもあり」も、あくまで掲載誌に合わせた上でのそれだと考えた方が無難だ。

　しかし、それはそれで問題である。『UP』は教養あふれる文章が多いので、そういうものを書ければいいのだが、何せ私には教養がない。私の専門は言語学だが、学生の頃に師匠に「言語学を何年やっても教養はつかないんや」と言われて、本当にそのとおりになってしまった。それでももう少し人生経験が豊かであれば、ＪＡＬやＡＮＡの機内誌のような文章が書けたかもしれないが、残念ながらスコットランドで本場のウイスキーを味わったこともなければ、パリの古書店で希少本に出会ったことも、ニューヨークの新進気鋭のシェフの店で食文化の新しい風を感じたこともない。無いものを出そうとしても無理だ。

それで今回はもう開き直って、プロレスの話をすることにした。開き直りすぎかもしれないが、実は私の担当編集者というのは「Ｔ嬢」、つまり『ＵＰ』の某人気連載を担当しているあの人だ。だから、彼女が「なんでもいい」と言うのは限りなくガチに近いと考えていいはずだ。とりあえず今回は初回なので、あいさつに代えるという意味もこめて、プロレスの歴史で一番有名な「あいさつ」の話をしたい。

昭和のプロレスに少しでも興味のある人なら、「こんばんは事件」について聞いたことがあるだろう。事件が起こったのは一九八一年。二〇一八年現在参議院議員を務めているアントニオ猪木がトップレスラーとして大活躍していた時代のことだ。当時彼の団体であった新日本プロレスの興業に、二人のレスラーが殴り込んできた。国際プロレスという団体から流れてきた、ラッシャー木村とアニマル浜口である。

ラッシャー木村は当時、「金網デスマッチの鬼」と呼ばれていた強いレスラーだ。余談だが、たけし軍団・ラッシャー板前の芸名の元ネタとなった人物である。アニマル浜口は、若い人には「レスリングの浜口京子選手のお父さん」と言った方が通じるかもしれない。そう、「気合いだー！」のあの人である。ラッシャー木村もアニマル浜口も当時、国際プロレスで主力選手として活躍していたが、団体が解散となり、新日本プロレスのリングに上がることになったのである。

そうなるまでには舞台裏でさまざまな経緯があっただろうが、新日本プロレスのファンから見れば「外敵による、突然の殴り込み」である。当然ながら、会場は騒然となった。猪木をはじめとする新日本プロレスの選手たちも、神聖なリングに上がった木村と浜口を鬼の形相で睨みつける。そんな中、リングアナから木村にマイクが手渡された。彼が猪木に対して、そして新日本プロレスに対してどんな言葉を吐くのか、皆が固唾を呑んで注目する……。そこで彼が発した第一声が、「こんばんは」だったのである。

それに対する会場のファンの反応は、爆笑だったとか失笑だったとか言われているが、いず

RUSHER KIMURA

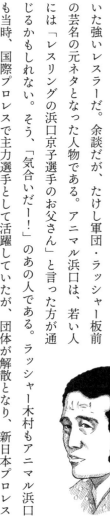

え？、平吾、
俺、何か変なコト言った？、
挨拶から始めるのフツーだろぅっ、
後で反省会だな
まぁ、後は任せときぃ、

れにしても「ズッコケた」という表現で間違いないだろう。ピリピリした一触即発のムードの中で、まさかの「こんばんは」。事件だらけのプロレスの歴史の中でも有名な珍事件の一つであるが、この事件にもかかわらず、ラッシャー木村率いる「国際プロレス軍団」はその後、新日本プロレスにてヒール（悪役）として大活躍する。悪役としての徹底ぶりに、ひどいときには新日本プロレスのファンが木村の自宅に生卵をぶつけるという事件まで発生したが、それに対して木村氏は「仕事だから」と冷静に受け止めていたそうである。木村氏は二〇一〇年に亡くなったが、人格者であった彼のエピソードは、彼を慕っていた人びとによって語り継がれている。……

できればここいらできれいに終わりたいところだが、さすがにそれはまずい気がするので、以下の問題を考えてみることにする。それは、

・あの場面でなぜ、ラッシャー木村の「こんばんは」が観客に不適切だと思われたのかである。「こんばんは」は、夜間に使うという制限はあるものの、「こんにちは」に類するスタンダードな挨拶だ。私たちも普段、人との出会い頭や、話の冒頭でよく使っている。当の木村氏もこの件に関して、「初めてのところへ行ったのだから、きちんと挨拶するのは当たり前」と、実にまともなことをおっしゃっていたという。しかしなぜそれが失笑を買ってしまったのか。

できることならば知人に意見を聞いて回りたいところだが、ここではいったん自前で仮説を出して、それにツッコミを入れながら検証していく「独り相撲スタイル」を採用したい。なぜそうするかというと、もう長年住んでいるにもかかわらずこの東京砂漠に知人が少ないという面もあるが、言語学者というのは、言葉に関することならとりあえず自分で考えてみたいのである。これはおそらく言語学者の血塗られし宿命《さだめ》というか、呪われし魂というか、そういうも

のであり、言語学という魔境に迷い込んで指導教員という名の魔王から首の後ろあたりに「げんご」という焼き印を押されてしまった者の悲しい「性《さが》」のようなものである。もちろん、皆様のお近くにお住まいの言語学者も全員そうである。

それで最初に思いついた仮説は、「プロレスだからじゃね？」である。いきなり言語学要素など微塵もない、素人丸出しの仮説になってしまった。だが、よく考えてみると、それほど筋が悪い話でもなさそうだ。プロレスというのは、実に非日常的な世界である。そもそも、人が蹴り合ったり投げ合ったりしているのに、通報されない。そりゃあ競技だからそうだろう、と思われるかもしれないが、プロレスでは「数人がかりで一人を攻撃」「相手を椅子で殴る」「毒霧を吐く」「電流爆破」など、常軌を逸した行為がわりと普通に見られることを忘れてはならない。だいたい、技の前にポーズを決めたり、試合の途中で仲間を裏切ったりするようなことが、他の「競技」にあるだろうか？　平社員が社長を殴って給料をもらう会社など、プロレス団体以外、どこにあるだろう。そういう異常な世界で、いわゆる常識が通用するわけがない。ラッシャー木村氏は「こんばんは」と挨拶することで、そういう「異常な世界」の中にあえて「普通」を持ち込んだ。つまり「プロレスだから『こんばんは』が変」という小学生でも思いつきそうな理由は、「非日常の中に日常が持ち込まれると混乱を招くものだ」という、文化人枠のコメンテーターが真顔で言うようなもっともらしい一般則から出てきている、という説明でどうだろうか？

しかし残念ながら、この説明にＯＫを出すことはできない。まず、「非日常の中に日常が持ち込まれると云々」という大本の一般則において、「非日常」「日常」などのぼんやりした言葉が使われている。これらの言葉を厳密に定義しないかぎり、科学的な仮説にはならない。もちろん「気持ちトーク」としては申し分ないので、おしゃれなカフェで友人とラッシャー木村について語るときなどには使っても差し支えないだろうが、これが科学的な仮説ではないことは、頭の片隅に置いておかなくてはならない。

さらに、今の仮説には他の問題もある。プロレスという世界において、絶対に「こんばんは」や「こんにちは」が変かというと、そうとも言い切れないからである。たとえレスラーどうしであっても、互いに敬意を持っているなら、リング上でそのような挨拶を交わすこともあるだろう。つまり、「プロレスだから」というのは大ざっぱすぎる。「こんばんは事件」に関してはむしろ、ラッシャー木村氏が新日本プロレスにとって「敵」であったという、その関係性にこそ注目すべきではないだろうか。

「やっとそこに気づいたか」という声が聞こえてきそうだが、あえて無視して、新仮説「敵に対して、『こんばんは（こんにちは）』と挨拶するのは不適切である」について考えてみよう。
実際、国語辞典（『明鏡国語辞典MX（第二版）』）で「挨拶」の項目を引いてみると、最初に「（1）人と会ったときや別れるときに、儀礼的なことばを言ったり、動作をしたりすること。また、そのことばや動作。「朝［別れ］の挨拶」◇相手に対する敵意のなさを表し、人間関係を円滑化する。」とある。このように、挨拶というのは「相手に対する敵意のなさを表（す）」と、わざわざ親切に書いてくれている。もうこれでファイナルアンサーな気がしてきた。しかしここでもう少し考えてみたいのは、「こんばんは（こんにちは）」という挨拶の「敵意のなさを表す」という側面が、挨拶というもののより根本的な性質から出てきてはいないか、また、もしそうであるならば、それはどのような性質なのかということである。

それについて考えるために、「相手に敵意がある」状況以外に、「こんばんは（こんにちは）」と言うのが不適切な状況がないか探すのは有効である。そして実際、以下のような状況が存在する。

・体調の悪そうな人に声をかけるとき

おそらく、第一声は「大丈夫ですか？」だろう。「こんにちは」とは言わないはずだ。

・人がものを落とすのを見たとき
相手が知らない人であっても、「こんにちは」とは言わずに「あ、落とされましたよ」などと言うだろう。

・人に危険を知らせるとき
以前旅先で、知らない人に「あなた、リュックが開いてますよ」と教えてもらったことがあるが、「こんにちは」という前置きはなかった。自分がその人の立場でも「こんにちは」は言わないだろう。

これらはいずれも、相手の注意を素早くこちらに向ける必要があるような状況である。こういった状況では、「こんにちは（こんばんは）」のような挨拶は使えない、というか使わない方がいい。そしてこれらの状況と、「敵を前にした状況」には共通点がある。それは、相手を少々驚かせても差し支えない（むしろ、驚かせる方が適切だ）ということだ。そのような状況で「こんにちは（こんばんは）」が不適切だということは、裏を返せばこれらの挨拶が、相手を驚かせない、また驚かせたくないような状況でこそ適切に使われると言えそうである。

考えてみれば、「人を不用意に驚かせない」というのは大切なことである。私たちにとって、驚くというのは多少なりとも恐怖や怒りを伴うことだ。私たちが「驚き」を覚えるのはたいてい「急激な変化」に対してであるが、自然界における急激な変化は異常事態であることが多い。通常モードの自然界では、大きな火をおこすまで時間がかかるし、夜が明けて明るくなるまでにも時間がかかる。いずれの「変化」も、最初はかすかなもので、次第に大きくなっていくのが普通である。いきなり大きな火の手が上がったり、夜空が突然明るくなったりするような突発的な変化は、明らかに異常である。私たち人間はそのような自然界の環境に長い年月をかけて適応していくうちに、ゆるやかな変化を「通常」と認識し、突発的な変化を「異常」と認識するようになっているのかもしれない。

そしてその「認識の仕方」は、他人と出会い、互いに言葉を交わすという社会的な行為にも引き継がれているのではなかろうか。つまり、他人とのコミュニケーションにおいても、情報量の少ない言葉を交わすところから始まって、徐々に情報量の多い言葉に移行するという「ゆるやかな変化」を「通常」とし、出会い頭に情報量の多い言葉を浴びせるような「急激な変化」を「異常」と感じるのではないだろうか。「こんにちは（こんばんは）」のような挨拶にはほとんど内容がないので、コミュニケーションの冒頭で儀礼的にそれを使うことで「通常モードであなたに接しますよ」ということをアピールし、相手を不用意に驚かせないよう配慮することにつながるのだろう。「こんばんは事件」は、敵を前にした強面のプロレスラーのイメージと、そのような細やかな配慮とのギャップのせいで起こったのではあるまいか……。

なんとなく結論のようなものにたどり着いてしまったが、ここまで読まれた方はどう思われたであろうか。「ぜひ論文にして発表すべきだ！」と思われた方はきっとお優しい人だろうが、私がこれを論文にすることはない。学生の頃に師匠から「素人が三日考えて出すようなアイデアはアカン」とたびたび言われてきたが、経験的にもだいたいそれで正解である。私は一応、言語学で博士号まで取ったが、それでも自分のよく知っているテーマから一歩外に出れば闇の中である。ここまで披露してきた考察は、「あいさつ研究」については素人同然の人間が、違いが分かる男の顔でコーヒー（カフェインレス）を飲みながら二時間ぐらいで考えたことなので、とてもその筋の専門家の目に耐えるものではないだろう。それに、関連文献を漁れば、もっと良質な説明がすでになされている可能性が高い。

実際、この文章を書くために一本だけ「あいさつ研究」の文献[1]を読んだが、それだけでもこのテーマについて膨大な研究の蓄積があることが分かり、途方に暮れているところである。文献リストを眺めただけで、すでに自分の仮説が正しいのかを確かめる気力もなくなった。よって、あとは興味を持たれた方に丸投げしたい。とりあえず私としては今回たくさんプロレスの話ができたので満足だが、本当にこの内容でT嬢的にもイッツオーライなのか分からない。次回以降の内容については、まずはこの文章が本当に『UP』に載るかどうかを確かめてから慎重に検討したい。

i ――倉持益子（二〇一三）「あいさつ言葉の変化」、『明海日本語』第一八号増刊、二五九―二八四頁（あいさつ言葉の形式および内容の変化における要因を分析し、これらの言葉と社会との関係を考察した論文。日本でもっとも早く定型化した別れの言葉の変容過程や、あいさつ言葉の短縮、「っす」の付加の原因や効果など、興味深い内容が多い）。

02
AIは「絶対に押すなよ」を理解できるか

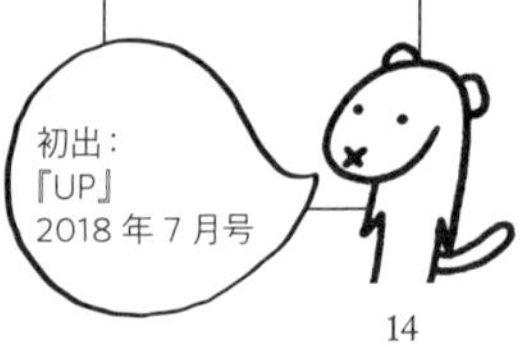

担当編集のT嬢によれば、『ＵＰ』は実はＰＲ誌らしい。東京大学出版会の書籍のＰＲのために発行しているのだという。私はかれこれ五年ぐらい読ませていただいているが、今まで知らなかったのだから、読者の皆様もあまりご存じないかもしれない。

とはいえ、そうと知ったら、さっそく自著のＰＲをするしかない。私はこれまでに五冊ほど本を出版しているが、そのうち四冊は東大出版会さんから出していただいている。まさしくおんぶにだっこ、かなりビッグな依存度だ。もし私と東大出版会さんがカップルだったら、いつ「お前の存在は重い」と別れを切り出されるか分からない。今のところそういう兆候はないものの、本が売れてウィンウィンの関係になった方がいいに決まっている。ただし本の売り上げ向上のために著者個人でできることは、普段はそれほど多くない。せいぜい、ＳＮＳで宣伝したり、人前で話す機会があるときに紹介したりするぐらいである。あとは完全に運まかせで、新聞や雑誌など、人目につくところに取り上げてもらえるのを祈るのみだ。私はこのところ、「来年の正月の芸能人格付け番組にまたYOSHIKIが出て、控え室待機中に私の本を読んでくれますように」と願をかけている。あの「YOSHIKIが番組中に食べまくったおかげでバカ売れしたお菓子」の二匹目のドジョウを狙っているのだが、本当にそういう偶然を願うぐらいしか、できることがないのである。よって、自分で思いっきりPRできる機会は貴重だ。

しかしながら、いざPRしようとすると、なかなかうまくできないものだ。自分の本について「こんな本ですよ〜」とうまく言えたためしがなく、「とにかく買ってくれ」以外のことを言おうとすると頭が真っ白になる。おそらく自分の書いた物に入れ込みすぎているせいで、客観的に見られないのだろう。それに、もっとパンクでアナーキーな本音を言えば、「言いたいことを短く言えるぐらいなら、そもそも本なんか書かねえよ！」なのである。そういう思いもあるせいか、いくら考えても気の利いたPR文が書けず、考えれば考えるほど思考が明後日の方向へ向かってしまう。そんな感じなので、私の本のPR文はたいてい各出版社の優秀な担当編集者に作っていただいている。私自身は人見知りの子どものごとく、編集者の背後に隠れながら時折顔を出してコクリ、コクリとうなずく程度である。しかし今回は字数もかなり割けるので、頑張ってPRしてみたい。

本日ご紹介するのは、二〇一七年一二月に出版した『自動人形《オートマトン》の城』という本である。この本は、今流行りの人工知能とか、言葉とか、まあ、そういうものについて扱っている。この時点でもう書くのが辛くなってきたが、もう少し踏ん張って紹介すると、この本のテーマは「意図」である。こう書いた瞬間に私の脳内のいかりや長介が「今日のテーマは、イト！」と言い、スクールメイツに囲まれたドリフの五人がけだるそうに踊り始める。おなじみ「もしものコーナー」に移る前に、我に返らなくてはならない。

それで、問題は「意図」である。意図というのは、ざっくり言えば、「人が考えている内容」だ。コミュニケーションにおいては、私たちが他人に伝えたいと思う内容がこの「意図」だと言っていいだろう。日常レベルでは「意味」も「意図」もだいたい同じように使われるが、ここでは各単語の辞書的な意味や、文そのものが表す内容を「意味」と呼び、それらの単語や文に載せて話し手が聞き手に伝えたいことを「意図」と呼ぶことにしたい。

ここまで説明しても、「え？　どこが違うの？」と思う方もいらっしゃるだろう。よってここで、意味と意図の違いを説明する上で一番分かりやすい例を挙げよう。ダチョウ倶楽部・上島竜兵氏の「絶対に押すなよ！」である。「熱湯コマーシャル」でおなじみのこの台詞は、ここで言う「意味」と「意図」が正反対になっている例だ。この台詞の文字どおりの「意味」は

岡ノ谷、川添両氏により後にAＩのベンチマークテストとして国際標準となるのだ
押すなよ!! 絶対に押すなよ!!
「Don't Push Me テスト」通称"ウエシマテスト"である
AI
AI
チッチッチ
ガンバレ

「（自分を）押すな」であるが、熱湯風呂のふちでこれを口にする上島氏の「意図」が「押せ」であることはあまりにも有名である。（ちなみにこの例は、岡ノ谷一夫先生が、拙著『働きたくないイタチと言葉がわかるロボット』の書評（『週刊現代』二〇一七年八月一二月号掲載）の中で挙げてくださった例である。それ以来、意味と意図の違いを説明するときには使わせていただいている。）

このような意味と意図のずれは日常的に見られ、しばしば私たちを悩ませる。中には、こんな例もある。かなりうろ覚えなのだが、以前ツイッターか何かで、ある女性が義母から受け取ったＬＩＮＥだかメールだかの話を投稿していた。その義母はその女性（つまりお嫁さん）に向けて「近くの山の紅葉がきれいになってきました。明日さっそく見に行ってきます！」というメッセージを送り、それを見たお嫁

さんは文字どおりに受け取って「いいですね、いってらっしゃい」などと返事したという。だが、後で判明したところによると、そのメッセージに込められた義母の本当の意図は、「明日義実家へ来い」ということだったそうだ。

これを読んだとき、私は「知るかそんなもん！」と絶叫しそうになった。この義母は、嫁をエスパーか何かだと思っているのだろうか。しかしこのお嫁さんは、義母に対してキレたり呆れたりしていたわけではなく、単にこれを面白い話として投稿していた（と思う）。きっと心の広い方なのだろう。ただ個人的には、もし身近にこういう「言葉の中に勝手な意図を込めがち」な人がいる場合は、最低でも五回に一回ぐらいの頻度で「そんな言い方では分からない」とはっきり言った方がいいように思う。そういう人に合わせて意図を読み取ろうとしても、疲れるだけだからだ。実際のところ、たいていの言葉については、話し手が「こういうつもりで言った」とか「そういうつもりじゃなかった」と言うことができてしまう。それに、たとえその人の意図を読むのに上達し、めでたく「エスパー認定」されたとしても、さらに難しい上級問題が待っているかもしれない。そしてそれを解読するのに失敗したら、「あなたなら分かってくれると思ってたのに、がっかりした」などと言われるのがオチではないだろうか。もちろん、本気でエスパー修業をしたいのであれば話は別だ。

このように「意味と意図のずれ」は混乱の種になることがあるが、話し手と受け手との間での了解さえあれば、それを逆手にとって利用することもできる。「合い言葉」はそういった例の一つだ。「山」と言って「川」と返せば仲間だと見なすような場合、「山」や「川」の本来の意味は何ら関係がない。それらはただ、「お前は仲間か？」「私は仲間だ」という意図を伝えるのみだ。よって「山」「川」である必然性はなく、相手との合意さえあれば別の言葉だっていいし、何なら「豊」を追加したっていい。だからこそ、部外者には意図を悟られない「合い言葉」として機能する。

さらに言えば、こういうものは言葉である必要もない。相手との取り決めさえあれば、車のランプの五回点滅を「アイシテル」のサインにすることができるし、持ち物やジェスチャーなんかで意図を表すこともよくある話だ。完全に余談だが、筆者は学生の頃アメリカのサマースクールに行き、同行した友人のMちゃんと同じ部屋で一ヶ月ほど過ごした。そのとき防犯のため、私とMちゃんとの間で「ドアを開ける前にお互いを確認するための合図」を決めていたのだが、それは合い言葉ではなく、外から帰って来た方がドアをノックした後、覗き穴に向かって「アイーン」のポーズをするというものであった。そう、志村けんのあのポーズである。もちろん、中の者からすると、覗き穴から見た時点で外の者の顔は確認できるので、外の者が

「アイーン」をやる意味はない。だが、私とMちゃんはサマースクールの期間中その取り決めを忠実に守り、外から帰ってくるたびに、部屋の中の友人に向かって「アイーン」をやり続けた。まさに、若さとは愚かさである。でも、今になって思うと、私もMちゃんも慣れないアメリカ滞在の中で、少しでも「日本での日常を思い出すような何か」を生活に取り入れたかったのかもしれない。ただしその「何か」が他の何でもなく「アイーン」だったというのは、やっぱり愚かだと言わざるを得ない。

ずいぶん話が脱線してしまったが、そろそろ、これが『自動人形の城』のPRのための文章であることを思い出さなくてはならない。今まで挙げてきた例は、意味と意図との違いを分かりやすく説明するための極端な例だ。そういうのは、実は『自動人形の城』にはあまり出てこない。この本の中に多く出てくるのは、「意味の面から見て妥当な範囲で話しているにもかかわらず、意図の推測に相当複雑なプロセスが関わっていることを示す例」である。別の言い方をすると、話し手は「自分はおおよそ文字どおりの意図でしゃべっている」と思っており、聞き手も「相手の意図を文字どおりに理解している」と思っているのに、実はそこに意図理解のための暗黙の処理が働いているケースだ。

そのようなケースは、「言葉を適切に理解して行動できるＡＩ」を実現する上での大きな課題となる。『自動人形の城』ではそのことを描くために、中世風の物語世界を設定している。物語の主人公は十一歳の王子で、勉強嫌いとわがままな性格が災いして、邪悪な魔法使いの呪いに手を貸してしまう。その魔法使いは王子の優秀な召使いたちを全員自分の城に連れ去り、かわりに彼らにそっくりな「自動人形たち」を置いていく。自動人形たちは優秀で、複雑な事物を認識し、言葉の意味を理解し、言われたとおりに行動することができる。いわば、現実世界ではまだ実現していないレベルのＡＩである。しかしそれらの人形たちには王子の命令の意図がなかなか伝わらず、王子は悪戦苦闘することになる。

王子に困難をもたらす主な要因は、言葉の曖昧性や不明瞭さである。「曖昧な言葉」というと、多くの方は真っ先に「橋」（はし）と「端」（はし）のような同音異義語を思い浮かべられるかもしれないが、それ以外にも曖昧なケースはごまんとある。たとえば、何かを回せという指示を実行する場合、「回す」という言葉の意味さえ知っていれば誰にでもできそうに思えるかもしれないが、話はそう単純ではない。もし私たちがバトントワリング用のバトンを渡されて「これを回せ」と言われたら、棒の中央あたりを持ち、バトンの両端が円を描くように回すだろう。他方、横に渡した焼き串に肉を刺し、火であぶって丸焼きにする場合、「串を回せ」と言われたら串そのものを回転軸と見なして回すはずだ。さらに、「扇風機を回せ」と言われたら電源とスイッチを入れるはずで、手で本体をぐるぐる回したりはしない。これらの場合に私たちが「相手の意図している回し方」を難なく理解できるのは、それらの道具の用途を知っているからで、使い方を知らないものだったり、相手のしたいことがよく分からなかったりする場合は、「回せ」のような単純な指示も格段に難しくなる。

こういった「語彙レベル」を超えてさらに「句レベル」「文レベル」になると、さらに多様な曖昧性の要因が加わる。その中の一つに、構造的な要因がある。大学で言語学の入門的授業に出たことのある人は、「白いギターの箱」とか「美しい水車小屋の娘」などの例を聞いたことがあるだろう。つまり、「白いのはギターか箱か」「美しいのは水車小屋か娘か」といった、「白い」「美しい」の修飾先に関する曖昧性である。事実、ほとんどの句や文にはこの手の曖昧性があり、私たちはたいてい、曖昧性を残したまま「曖昧じゃないつもり」でしゃべっているし、文脈やら常識やらを使いながら他人の言葉の曖昧性を解消し、意図を推測している。「今はもう動かないおじいさんの時計」という歌詞を聞いて、大多数の人が「動かないのは、まさか、おじい……いやいや、やっぱり時計の方だよね、うん」という良識的な解釈をするのも、歌のテーマや雰囲気を考慮して、作詞者の意図を推測するからである。

ＡＩにとっての問題は、「意図を特定するための手がかりが、言葉そのものの意味の中に入っていない」ということである。つまり、ＡＩにいくら言葉そのものの意味を教えても、それだけでは意図をきちんと推測するためには不十分、ということだ。何度も言っているように、曖昧な文から相手の意図を推測するとき、私たちが使うのは常識だったり、その場面や相手や文化に関する知識だったり、それまでの文脈だったりする。そういった、広い意味での「取り決め」を話し手と聞き手の間で共有していなければ、意図の伝達は成り立たない。そういう点では、「何かを回せ」のケースも、上島氏の「絶対に押すなよ」のケースも同じである。

「じゃあ、そういう知識とか、文脈の認識の仕方とかを全部教えればいいじゃん」と思われるだろう。実際そのとおりなのだが、ＡＩの目的によってその難易度は変わってくる。たとえば、熱湯コマーシャルの収録スタジオでのみ稼働し、熱湯風呂の前に立つ人を押すか押さないかを判断するだけのＡＩなら、上島氏の顔や声を判別できるようにすれば事足りるかもしれない。しかし、別番組で熱湯風呂ではない別の何か（たとえばクリームパイを持って待ち構えている人とか）を前にした上島氏が「絶対に押すなよ」と言った場合や、ザキヤマやフジモンなどの芸人が上島氏のネタをパクっている場合にどうすべきかをＡＩに適切に判断させるには、より複雑な知識と判断が必要になるだろう。さらに、「絶対に押すなよ」を含めたお笑い一般を理解するＡＩを作るとなると、至難の業である。このあたりの話題も『自動人形の城』で触れてい

YOSHIKI

るので、ぜひ読んでいただきたい。ちなみにこの「読んでいただきたい」には、「一人十冊ぐらい買っていただき、読んでも読まなくてもいいので絶賛コメントをネットに上げていただき、またテレビ関係の方がいればぜひ来年の正月番組のYOSHIKIの控え室にこの本を置くよう手配していただきたい」という意図を込めているので、宜しくお取りはからいいただければ幸いである。

03 注文《ちゅうぶん》が多めの謝罪文

な、な、なんと、この連載「言語学バーリ・トゥード」に早くもクレームが付いてしまった。くわしくは『UP』六月号までさかのぼってお読みいただければと思う[i]が、クレームの主は、『UP』誌上で某人気連載を担当しておられる「あのお方」である。個人の特定につながらないよう配慮して、以下では「STO先生」と表記することにする[ii]。

そのSTO先生のクレームは、短く言えば「連載タイトルに含まれるバーリ・トゥードという用語について、まったく説明がない。はよ説明せんかい」というものである。またSTO先生は担当編集者であるT嬢[iii]に対しても、「原稿チェック時にそのことを指摘しなかったのはい

i ――『UP』二〇一八年六月号、「クレーマー・クレーマー――注文の多い雑文　その四十二」三三頁、注10。

かがなものか。猛省を求めたい」（大意）と苦言を呈されている。まさに、おっしゃるとおりである。今回は、なぜこのような事態になったのか原因を究明し、今後は二度とこのようなことのないよう再発を防ぐべく、関係者一同全力を尽くし、皆様の信頼の回復に努めることをここに誓います、と原稿棒読み口調で表明するっぽい内容にしたい。

では原因究明と行こう。なぜ私がこれまで「バーリ・トゥード」という言葉の説明をしなかったかというと、それが私にとって珍しい言葉ではなかったからだ。長年プロレスやら総合格闘技やらを見ていると、そういう言葉は自分の血肉と化していて、それを耳慣れないと感じる人がいる、いやむしろそういう人の方が多いことを忘れてしまう。そして担当T嬢も、実は格闘技ファンなのだ。それも、ボクシングのビッグマッチを欠かさず見るほどのファンらしいので、もしかするとバーリ・トゥードという言葉に物珍しさを感じないばかりか、竹原慎二風に「『UP』読者ならそれぐらい知っとるじゃろう。いや、知っとくべきじゃ」と思っている可能性すらある。

つまり今回のことは、私ならびにT嬢が、自分の知っているバーリ・トゥードという言葉を読者も知っていると思い込んだために起こったことである。ある意味、「俺の知識はお前の知識、俺の興味はお前の興味」という、他人からするとあまり有り難くない疑似ジャイアン状態に陥ったためと言える。だが本音を言えば、今でも「まあでも別に、説明なくてもよくね？知りたい人は自分で調べるっしょ」という不遜な気持ちも若干ある。しかしそれだとさらなるクレームをいただきそうなので、「分からない人」の気持ちを理解するために、自分ではない誰かが「言語学ニャルラトホテプ(iv)」という名の連載を始めたと想像してみよう。そしてそのタ

ii——「あれ？　ＳＴＯじゃなくてＳＤＯじゃねぇの？」と思った方は、直ちにお名前の読み仮名を確認されたし。ＳＴＯ先生については、おおよそどのような方か存じ上げているつもりだが、直接お会いしたことはない。ご著書の一つによれば「横顔が福山雅治似」との説もあるらしいのだが、私の中のヴィジュアルイメージは『科学を語るとはどういうことか——科学者、哲学者にモノ申す』（河出書房新社、二〇一三年）のカバーに描かれているサングラス姿である。その似顔絵には妙な迫力があるのだが、本の中身はさらにすごい。ざっくり言えば、宇宙物理学がご専門のＳＴＯ先生が、科学哲学者のＩＳＤ先生（仮名）を相手に対談という名のバトルを繰り広げる内容である。私にその本を勧めてくれた人（格闘技好き）は、「哲学のＩＳＤ先生が華麗なレスリングテクニックで対応しようとするのに対し、物理のＳＴＯ先生が容赦なくセメントをしかける感じの本」と言っていた。ちなみにここでの「セメント」というのはプロレス用語であり、ルール無用の真剣勝負、つまり「ガチンコ」と同じ意味だ。今回私が「ＳＴＯ先生」という、小川直也の必殺技ＳＴＯ（スペース・トルネード・オガワ）と同じ表記を選んだのには、そういう意味合いも込めている。

iii——本連載およびＳＴＯ先生の連載の両方を担当している、東京大学出版会の編集者。「Ｔ嬢」という表記はもともとＳＴＯ先生が考案されたもの。

イトルの意味について、いっさい説明がないとしたら……。え

え、はい、確かに、気持ちが悪いし、微妙にイラッとしますね。すみませんでした。

　このように、「自分の知っていることは相手も知っていて当然」あるいは「分からなければ相手が質問するなり調べるなりすべき」という思いは言動に現れてしまい、「他人への配慮のない、不親切なヤツ」という印象を与えてしまう（ということがよく分かった）。二度とクレームを受けないためには、今後は誰から見ても非の打ち所のない言葉の使い方をしなくてはならない。つまり自分と他人の知識状態についてつねに細心の注意を払いつつ、状況に応じて概念なり用語なりの「導入の仕方」を変える必要がある。そこで、私が今後「バーリ・トゥード」のような言葉を「他人に配慮しつつ」「適切に導入」するために、どのような条件が必要かを考えてみたい。

たとえば、私が誰か知人に次のようなことを言いたいとする。

（1）私、バーリ・トゥードの試合を見てみたいんだ。あれ、生で見たらすごいと思うよ。

STO-SENSEI

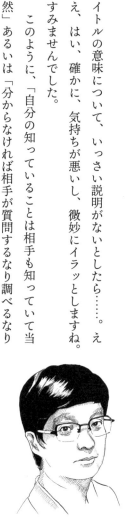

日本語の場合、（1）のように専門用語や固有名詞をそのまま何もつけずに「裸で」言い、とくに補足説明もしない場合、「それが自分と相手の共通の知識の中に含まれている」という話し手の思いが表面化することになる。[v] ちなみに（1）の二文目で、「あれ」というア系の指示詞を使っていることにも、似たような効果がある。[vi] つまり私が思慮深く（1）を口に出せる状況――すなわち（1）をこのまま言っても相手を一切困惑させず、また「バーリ・トゥードって何？」のような聞き返しをさせる必要もないような状況というのは、（ⅰ）相手がバーリ・トゥードとは何かを知っている状況である。そして当然のことながら、（ⅱ）相手がバーリ・トゥードを知っていることを、私が知っている必要がある。

しかし、本当にそれでいいのだろうか？ 実は、話はそう単純ではない。仮に、私の話し相手が自他共に認める深窓の令嬢で、格闘技のような危険なものを観ることを親から禁止されて

iv――クトゥルー神話がらみの用語らしいが、よく知らない。

v――くわしくは、以下の文献などを参照のこと。田窪行則・金水敏（一九九六）「複数の心的領域による談話管理」、『認知科学』第三巻第三号、五九―七四頁。

vi――ただし、ア系の指示詞の使用がつねに話し手・聞き手の知識の共有を前提としているわけではないという指摘もある。くわしくは、黒田成幸（一九七九）「（コ）・ソ・アについて」（『英語と日本語と――林栄一教授還暦記念論文集』、四一―六〇頁、くろしお出版）などを参照のこと。

いるような人だったとしよう。しかしそんなお姫様のような彼女は、実は格闘技ファンなのだ。そしてある日、彼女が本屋で格闘技雑誌のバーリ・トゥード特集を買っているところを、私が目撃してしまったとする。なおかつ彼女は、私に見られていたことを知らず、それゆえに自分がバーリ・トゥードを知っていることを私に知られたことを知らない。

この状況では、先の(ⅰ)、(ⅱ)の条件はどちらも満たされている。が、次に会ったときに「思慮深い私」が彼女に(1)をそのまま言えるかというと、そうはいかない。もし言ったとしたら、彼女が「えっ……?」と混乱する可能性が高いからだ。というのも、彼女は自分がバーリ・トゥードを知っていることを私に知られているとは思っていないからである。つまり上に挙げた(ⅰ)、(ⅱ)の条件だけでは不十分で、さらに(ⅲ)相手がバーリ・トゥードとは何かを知っていることを私が知っていることを相手が知っている必要があるのだ。

では、本当にそれで十分か。再度、さっきの深窓の令嬢が本屋で雑誌の「バーリ・トゥード特集」を買っているところを私が目撃した、という状況を考えてみよう。ここで、その令嬢につねに付き従っている忠実な執事が本屋の中にいて、令嬢が雑誌を買うところをガン見している私に気づき、その様子をこっそり写真に撮ったとする。そして家に帰ってから、「本日、お嬢様が格闘技雑誌を買われているところを、この人が凝視しておりました」と言いつつ令嬢に

わっ私はただ、知らない、
読者のためにだな…!!
知ってるゾ
僕はバーリ・トゥード
くらい知ってるゾ!!
ちょっ!待てよ!!川添サン!!
知ってるんだからな!!!

写真を見せたとする。このとき令嬢は、彼女がバーリ・トゥードを知っていることを私に知られたことを知ることになる。つまり上記の（i）―（iii）の条件はすべて満たされる。しかし、だからといって、ここでようやく私が彼女に（1）を言えるかというと、そうでもない。なぜなら、彼女は自分がバーリ・トゥードの何たるかを知っていることを私に知られていることを知っているが、私はそのことを知らないからである。つまり彼女の知識に対する私の知識は、前の状況と何も変わっていないのだ。よって、彼女が絶対に戸惑わないことを確信した上で私が（1）を口にするには、（i）―（iii）の条件では足りない。

ではさらに、（iv）私が（iii）を知っているという条件が満たされればいいのだろうか？　たとえば私が忍術を体得していて、令嬢の家の天井裏にひそみ、そこから彼女の執事が例の写真を彼女に見せるところを見ていたとすれば、(ⅳ) は満たされる。だが、そこで（1）を言えるかというと、答えはＮｏである。なぜなら、他人の気持ちを理解するために最大限の努力を惜しまない私は、彼女の立場に立った上で、彼女がこう思っているだろうと考えるからだ。

執事の写真を見た令嬢の気持ち（予想）：「私の知人の川添さんは、私がバーリ・トゥードを知っていることを知ったのだわ。でも川添さんは、私が執事の写真を見たことを知らないので、私がいまだに、『私がバーリ・トゥードを知っていることは、川添さんに知られていないはず』と思い込んでいると思っているのではないかしら」

ずいぶんややこしいが、要は彼女が「川添が相手の知識状態に配慮する人間ならば、きっと今後も自分に対して、あたかもバーリ・トゥードを知らない人に接するかのように接するはず」と思っているということだ。なぜかというと、彼女は私が忍術を駆使して、彼女が執事の写真を見た場面を見たことを知らないからだ。そのことに配慮すると、やはり私はぶしつけに

（1）を言うことはできない。つまり、（ⅰ）－（ⅳ）もまだ不十分で、さらにまた（ⅴ）彼女が（ⅳ）を知っている必要があるのだ。

すでにお気づきのことと思うが、ここから先も延々と同じような話が続く。つまり「コミュニケーションが完璧に円滑に進むときというのは、自分と相手がどういう知識状態にあるときなのか」という条件を厳密に探っていくと、こういう無限のスパイラルが待っているのだ。ちなみにこれは「相互知識のパラドックス」という有名な問題で、[vii] 私が責任逃れのために詭弁を弄しているわけではないので、ご注意いただきたい。

現実的には、いくら他人に配慮した言動を心がけている人でも、ここまで考えた上で言葉を発することはない。程度の差はあれ、誰でもどこかで「配慮の連鎖」をぶった切って、「相手もこれを知っているという前提で話すべき」あるいは「相手はこれを知らないという前提で話すべき」のどちらかに賭けるというバクチを打っているはずなのだ。そうなるとむしろ問題は、相手の知識状態が分からないときに、どちらに賭けた方がリスクが少ないかということだ。

vii ——くわしくは、Clark, H. H. and Marshall, C. R.（1981）“Definite reference and mutual knowledge”（A. Joshi, B. L. Webber, and I. A. Sag (eds.), *Elements of Discourse Understanding*, pp. 10–63, Cambridge University Press, Cambridge）などを参照のこと。

「相手が知っている（以下略）」の方に賭けた場合、実際に相手が知らなかったら「不親切or無配慮」と思われる危険があることはすでに見た。だったら、「相手が知らない（以下略）」の方に賭けるのがいいのだろうか。そうする場合は（2）のように、専門用語や固有名詞に「〜という＋一般名詞」を後続させるのが普通だ。さらに、内容の説明もあれば親切だろう。

（2）私、バーリ・トゥードというスタイルの格闘技の試合を見に行きたいんだ。それは〈これこれこういう（説明）〉ものなんだよ。それを生で見たらすごいと思うよ。

このように言えば、相手にとって新規の概念を導入していることが明確に示される。二文目以降で、指示詞として「あれ」ではなくて「それ」を使っているのも、同様の配慮の表れだ。これは、バーリ・トゥードを知らない相手にとっては好ましいだろう。だが、もし相手がバーリ・トゥードを知っていたらどうか？　こっちが相手の知識を低く見積もっていることがバレバレである。下手をすると「それぐらい知っとるわ！」と憤慨される可能性もある。よって、つねに「相手が知らない」方に賭けるという戦略も考えものだ。

この他、相手にやんわり探りを入れた上で方針を決めるという方法も考えられる。たとえばバーリ・トゥードの話をする前に、「もしかして、格闘技とか興味あったりする？」のように尋ねるといったことはできる。しかしこれも、相手の知識に対するこちらの見積もりをある程度暴露してしまうことを覚悟しなくてはならない。何回か行ったことのある地方のフランス料理屋での話だが、開店直後の時期、店員がすべての客に対して機械的に「これは○○という料理で……」「これは○○という食材で……」のような説明をしていた。店側は田舎の客相手に親切にしているつもりだったのだろうが、同行した食通の人は「それぐらい知っとるからいちいち説明いらん」と苛立っていた。おそらくその後、他の客からも似たようなクレームが付いたのだろう。しばらく経って再度訪問したときには、まず客に「フランス料理はよく食べられるんですか？」のような質問をして、答えがＮｏの場合にくわしい説明をするという方針に変えていた。しかしこれでも、すごい食通の人、あるいはいかにもな食通に見られたい人には、多少ムカつかれるのではないかと思う。

相手の知識状態に関係なく使える便利な言い方があればいいのだが、残念ながら、私はそれを知らない。よって現状では、「不親切ｏｒ無配慮」と思われるか、「見くびりやがって！」とムカつかれるかのどちらかしかない。(viii) そしてどちらのリスクを取るかと言われれば、「不親切ｏｒ無配慮」と思われる方がダメージが少ない気がする。そう考えると、連載初回に「バーリ・トゥード」の説明をしなかったということも、戦略としてはそう悪くなかったのではないだろうか？

なんだか結果的に、割とありがちな「反省すると言いながら、よく見ると全然反省していない文章」になってしまった。そしてここまで書いて、肝心の「バーリ・トゥード」そのものをきちんと説明していないことに気がついた。もう残り字数もないので説明は注に回すが[ix]、体面を保つのにとらわれて肝心の問題解決が後手に回るという、クレーム対処としては最悪のパターンに陥ってしまった。「今後は相手のことを考える」と言いつつ、実はあまり考えていないことが露呈したようだ。これに対するクレームが来たらもう謝罪文では済まされないと思うので、そのときにはT嬢と二人で謝罪会見を開き、「誠に申し訳ございませんでした」＆お詫びポーズのコンボを繰り出したところを写真にパシャパシャ撮ってもらうしかない。せめて完璧な角度でポーズが維持できるよう、今から背中と首の筋肉を鍛えておくことにしたい。

viii——ただし文章を書く場合は、文中ではとくに説明をせず、注を利用してくわしい説明をすればどちらの読者にも対応できる。今回の文章に注が多めなのはそのあたりの配慮を示している。けっして、STO先生のスタイルをパクっているわけではない。

ix——「バーリ・トゥード」とはポルトガル語で「何でもあり」の意味で、ルールや反則を最小限にした格闘技の一ジャンルを指す。ルールの詳細は興行によって変わるが、たいてい打撃、投げ、関節技を幅広く使うことができ、いわゆる総合格闘技と同一視されることが多い。「言語学バーリ・トゥード」という連載名は、担当T嬢が筆者に「何を書いてもいいですよ」と言ったことに由来する。

04 恋人{は／が}サンタクロース？

初出：
『UP』
2019年1月号

何かを勘違いしたまま長い年月を過ごしてしまうというのはよくあることだ。私も今年になって、ユーミンこと松任谷由実の名曲について、三十年以上勘違いしていた「あること」に気がついた。一九八〇年にリリースされたその曲は、今も変わらずクリスマスの定番ソングとして愛され続けている。ユーミンが歌っている元歌を聞いたことがない人でも、冬場のスーパーで流れるペポペポいう音質のインストバージョンとか、和食屋で流れるお琴バージョンとかを耳にしているはずだ。

その曲の名は、『恋人がサンタクロース』である。

ここで「え？　そんなタイトルだったっけ？」と思った方は、私がしていたのと同じ勘違いをされている可能性がある。そう、私はつい最近まで、この曲のタイトルを「恋人はサンタクロース」だと思っていたのだ。ネットで検索したときにこの間違った方のタイトルがキーワード候補として出てきたので、私以外にも同じような勘違いをしている人はそれなりにいるようだ。このタイトルは曲のサビにもなっているため、ユーミンご本人は「♪恋人がサ―ンタクロ―ス」と歌っているはずなのだが、私は勝手に「♪恋人は―」と聞き取っていた。人間（というか自分）の聞き取り能力はつくづく当てにならない。あるいは、思い込みが現実の認識を歪めるということの好例なのかもしれない。

それにしても、なぜ私（および、一定数の人びと）はそのような勘違いをしていたのだろうか。犯人として真っ先に考えられるのは、嘉門達夫（現タツオ）の『替え唄メドレー』だ。よく知られていることだが、この中に『恋人がサンタクロース』の替え歌として「恋人は―サンコン」という歌詞が入っているのだ。何のことだかよく分からない人のために説明すると、サンコンというのはギニア出身のタレント、オスマン・サンコンのことである。とくにサンコン氏についてググったりしていないのに「ギニア出身」という情報が自分の中から自然に出てきて驚いているが、それも『替え唄メドレー』の中で「♪恋人はサーンコーン　オスマーンサーンコーン　ギーニーアーからーやってーきたー」と歌われているからである。この他にも、荒井注がドリフにいたこととか、マスオさんが大阪生まれであることとか、川口浩隊長よりも先にカメラさんと照明さんが洞窟に入っていたこととか、嘉門タツオの歌のお陰で脳の奥深くに刻み込まれている情報は多い。しかしながら「恋人はサンコン」に関しては、元ネタ曲のタイトルを私に勘違いさせた「罪深い歌詞」と言えよう。

　しかし、自分の勘違いを全面的に嘉門タツオのせいにして良いのかというと、それもまた疑問である。そもそも、なぜ嘉門氏が「恋人はサンコン」のように、元歌に反して「は」を使ったのかという謎がある。もしかすると、嘉門氏も元歌を「恋人はサンタクロース」だと思っていたのではないか？という気がするのだ。その根拠は、『恋人がサンタクロース』のように「AがB」という形をしたタイトルが、実はけっこう珍しいのではないかという漠然とした印象である。

「A｛は／が｝B（だ）」という形で、かつAおよびBが「名詞（句）」[i]であるような文は、言語学においては「コピュラ文」と呼ばれる。コピュラ文を楽曲のタイトルに使うのはさほど珍しいことではないが、そういう場合はたいてい、「AはB（だ）」になっている気がする。自分の記憶を探っても、サザンオールスターズ／高田みづえの『私はピアノ』、瀬川瑛子の『長崎の夜はむらさき』、SHOW-YAの『私は嵐』など、「AはB」のタイトルはすぐに出てくる

MATSUTOYA YUMI

タイガーはサンタクロース
伊達直人サンタクロース
虎の穴から来たぁ〜♪
佐山サンも
チャリティー
してマスヨ〜

が、「AがB」の方はなかなか出てこない。やはり、「AがB」というタイトルは珍しいのではないだろうか。そうなると、なぜユーミンが「AはB」という形式を選ばず、あえてレアな「AがB」を選んだのかが気になってくる。

同じような疑問を持った人は他にもいたようで、某知恵袋で「なぜあの曲は、タイトルが『恋人はサンタクロース』ではなくて、『恋人がサンタクロース』なのですか？」という質問をしている人がいた。それに付いていたベストアンサーは、かいつまんで言うと「歌詞を最初から見れば分かるよ」というものだった。ちなみに、冒頭からサビまでの歌詞の概要は次のとおりだ。

（概要）幼少のころ、隣家のお姉さんが私に「クリスマスには、うちにサンタクロースがやってくるのよ」と言ったことがあった。子どもながらにしてサンタが実在しないことを知っていた私は、お姉さんに異議を唱えたが、大人になってようやく彼女の真意を理解した。彼女の言っていた「サンタクロース」というのは「恋人」のこと、つまり「恋人がサンタクロース」だったのだ。そして今年のクリスマスの日、私の家にも「サンタクロース」（＝恋人）がやってくる。

某知恵袋の質問者さんはこれで「分かりました」と言っていたが、もう少し言語学的に考えてみよう。ここでの問題は、端的に言えば「は」と「が」の違いである。「は」と「が」の違いというのは、言語学においては「そこに足を踏み入れたが最後、その後何十年も出られなくなる底なし沼」の一つだ。まあ、言ってみればどんな言語学的テーマも多かれ少なかれそうなのだが、「は」と「が」の話は言語学関係者以外にも超メジャーな「モテテーマ」であると言える。これにあまり深入りすると私の身も読者の皆様の身も危険なのだが、「さらっ」と流す方法はいくつかある。その一つが、「は」は旧情報に付き、「が」は新情報に付く[ii]という、「情報の流れ」に従った説明を受け入れることである。これはつまり、「は」が付いたものは文脈の中ですでに現れている情報であり、他方「が」が付いたものはその時点で新規に導入される情報だというものである。これを「A{は／が}B（だ）」にあてはめると、「AはB（だ）」の「A」は旧情報であるのに対し、「AがB（だ）」の「A」は新情報であるということになる。この説明に沿って考えれば、某知恵袋の「歌詞を見れば分かる」という答えは、次のように言い換えられる。

この歌の歌詞において、「サンタクロース」という言葉は序盤に導入されているため、サビの「サンタクロース」は旧情報だ。そして、サビで「サンタクロース」と関連づけられる「恋人」は、ここで新規に導入される新情報だ。もし、ここでサビの歌詞を「恋人はサンタクロース」にすると、「は」の性質上、「恋人」が旧情報として提示されることにな

i――「名詞句」とは、「あの香ばしさ」「太郎の絵」「戦う金太郎飴」などのように、名詞に指示詞や修飾語などが付いた表現のことである。
ii――久野暲（一九七三）『日本文法研究』（大修館書店）などを参照。

り、そこまでの情報の流れから見て不自然である。文脈に合った情報の提示の仕方を考えるならば、「恋人がサンタクロース」のように、「恋人」を新情報として提示する歌詞が選ばれてしかるべきなのである。

皆様が納得されたかどうかは別にして、「新情報・旧情報」を用いた説明はかなり強力だ。実際は「新情報・旧情報」によって「は」と「が」に関連する現象がすべて説明できるわけではないのだが、何しろ直感的に分かりやすくて実用的なため、日本語教育などにも広く用いられている。ただし、これでサンタクロース問題が解決したことにするのはまだ早い。確かに、歌詞の流れから見て自然なサビとして「恋人がサンタクロース」の方が選ばれた、というのは良い説明だと思う。だがそこには、当のユーミンが「歌詞を冒頭から順に考えた上でサビ（兼タイトル）を決めた」という暗黙の仮定があるのだ。本当にその仮定は正しいのだろうか？たとえば、ユーミンが「先にサビ（タイトル）を決めた上で」、それが自然に聞こえるよう、後から冒頭部分の歌詞を決めたということは考えられないだろうか？　そうなると、「サビまでの歌詞を見れば、タイトルに『が』が使われるのは自然だ」というのはあくまで「結果」であって、そのようなタイトルになった理由は述べられていないことになる。

真相はユーミンに聞かなければ分からないが、私自身は、「先にタイトルが決まっていた」という可能性は大いにあると思っている。そしてその時点でなぜ「恋人はサンタクロース」ではなくて「恋人がサンタクロース」が選ばれたかというと、コピュラ文における「恋人」と「サンタクロース」の意味的関係を考慮したからではないかと思うのだ。つまり、これまでの「情報の流れ」の話とは、また異なるレイヤーの話だ。

「A{は／が}B（だ）」というコピュラ文は、構文としてはきわめてシンプルだ。だが、「シンプルな構文を侮るなかれ」というのは、言語学においては鉄則だ。コピュラ文も「AとBとの関係がどのように解釈されるか」という面において、実は相当複雑だということが知られている。代表的な研究としてよく挙げられる西山佑司の『日本語名詞句の意味論と語用論』では、「AはBだ」に対して五種類の解釈、「AがBだ」については四種類の解釈を区別している。[iii] 詳細を説明するスペースがないので、とりあえずここでは今の話題に関係のある部分だけをごくごく単純化して説明するが、興味を持たれた方はぜひ元の文献や関連研究にあたってほ

iii――西山佑司（二〇〇三）『日本語名詞句の意味論と語用論――指示的名詞句と非指示的名詞句』、ひつじ書房。コピュラ文の分類については一一二頁を参照のこと。

しい。

まず「AがBだ」について考える。大まかに言えば、これには「AとBは同一のものだ」という解釈と、「AがBという役割を担っている」という解釈が存在する。(iv) 前者の「同一のもの系」の例としては「ジキル博士がハイド氏だ」「佐山聡が初代タイガーマスクだ」のような文、後者の「役割担い系」としては「太郎がこのパーティの主役だ」のような文が挙げられる。「AがBだ」がどちらに解釈されるかは、AとBがどのような表現かを見れば分かることがある。もしA、Bともに「特定のものを指す表現」であれば、「AがBだ」は「同一のもの系」の解釈を受けることになり、Aが「特定のものを指す表現」でBが「役割を表す表現」であれば「役割担い系」の解釈を受けることになる。

「恋人がサンタクロース（だ）」が厄介なのは、「恋人」と「サンタクロース」という名詞がともに、特定の人物を指すことも役割を表すこともあるという点だ。たとえば「花子は恋人と出かけた」という文の中の「恋人」は特定の人物を指すが、(v)「花子は恋人をころころ変える」のような文の場合、「恋人」は特定の人物ではなく役割そのものを意味する。また「サンタクロースはトナカイに乗ってやってくる」のような文で「サンタクロース」が指しているのは「クリスマスの夜にやってくる、赤い服で白いお髭のあの人」だが、そのまた一方で「うちでは毎年、お父さんがサンタクロースをやっている」のように、「クリスマスにプレゼントをくれる役」という役割を表す場合がある。

「恋人がサンタクロース（だ）」という文で、「恋人」および「サンタクロース」が特定の人物を指すなら「同一のもの系」、すなわち「恋人本人とサンタクロース本人が同一人物である」という解釈になる。しかしながら当のユーミンは、このようにサンタクロース様ご本人が登場する解釈を意図してはいないはずだ。むしろユーミンは「役割担い系」の解釈、つまり「恋人」の指す特定の人物が「サンタクロースの役割」を担うという解釈を意図していると考えられる。このように、「AがB（だ）」そのものには複数の解釈があるが、その中にユーミンが意図したと思われる解釈が「存在する」ことは押さえておきたいところだ。

他方、「恋人はサンタクロース（だ）」はどうか。こちらの「AはBだ」型の文にも、「ハイド氏はジキル博士だ」「初代タイガーマスクは佐山聡だ」のような「同一のもの系」の解釈に

iv——筆者の意図としては、前者は西山の分類の同定文と同一性文、後者は指定文のつもりである。提示文についてはここでは考慮しない。
v——その証拠に、花子の恋人が太郎だと分かっている場合、この文は「花子は太郎と出かけた」に言い換え可能である。

加えて、「このパーティの主役は太郎だ」のような「役割担い系」の解釈が存在する。(vi) だがこの場合、「BがAという役割を担っている」のような意味になることに注意が必要である。つまりAとBとの関係が、「AがBだ」の場合とは逆になるのだ。よって、「恋人はサンタクロース（だ）」を「役割担い系」と解釈すると、「サンタクロース本人」が「恋人」の役割を担っているということになる。すなわち「恋人はサンタクロース（だ）」の場合は、「同一のもの系」と「役割担い系」のどちらに解釈しても、白いお髭のサンタクロースご本人様が登場し、まさに「おじいさんモテモテ状態」となるのだ。それはそれで結構なことであるが、ユーミンの意図した解釈はこちらには「存在しない」ことになるだろう。よって、こちらは曲のタイトルとしてふさわしくないと判断されたのではないだろうか。(vii)

こんなふうに、当事者を抜きにして部外者があーだこーだと事情を勘ぐるのは不毛なことだ。それは私も分かっているのだが、言語学者というのはこういう問題があるとつい、あれこれ考えてしまうものだ。もしこれを読んでおられるあなたの恋人が言語学者だったら、絶対にこの記事を読ませてはいけない。まさに十人中百人が、「こいつ（川添）は何も分かっていない(viii)」と憤り、頼んでもいないのに分析を始め、夜通しあなたに自説を語りかねないからだ。そのような惨事が聖夜に起こらないよう、あえて一月発行の『ＵＰ』にこの記事を載せるのは筆者の優

vi ——ここでの「同一のもの系」は西山の倒置同定文および倒置同一性文、「役割担い系」は倒置指定文に割り当てているつもりである。定義文についてはここでは考慮していない。また、措定文については注viiを参照のこと。

vii ——ここでの結論に対し「いやいや、『恋人はサンタクロース』でも、サンタクロースご本人が登場しない解釈はできるでしょ?」と思われた方はいらっしゃるはずだ。実は、私もその解釈は可能だと思っており、だからこそ長年自分がこの曲のタイトルを勘違いしてきたのだし考えている。そのような解釈が可能である要因にはさまざまなものが考えられるが、ここでは一つだけ示しておきたい。それは、「恋人はサンタクロース(だ)」を、西山(二〇〇三)のいう「措定文」として解釈している可能性である。

「措定文」というのは、「AはBだ」型の文のうち「AはBという属性を持っている」のように解釈されるもののことである。例としては「太郎は天才だ」「花子は東京都民だ」のように、Bに「属性を表す表現」が来る文が挙げられる。「サンタクロース」のような表現は本来属性を表すものではないが、ひと工夫すれば「属性を表す表現」として解釈し直すことが可能だ。具体的にどうするかというと、「これこれこういう点でサンタクロース的である」のように、「サンタクロースという人物に典型的に見られる何らかの属性」と解釈するのである(「誰々はヒトラーだ」で「独裁者だ」、「ドン・ファンだ」で「遊び人だ」のように解釈する場合も同じである)。このように解釈すれば、「恋人はサンタクロース(だ)」という文でも一応、サンタクロース氏のご本人登場は避けられる。ただし、この文において、数あるサンタの属性——「白い髭をした年配の男性である」「赤い服を着ている」「クリスマスにプレゼントを持ってくる」のうちのどれが解釈として選ばれるかは、文脈次第あるいは聞き手次第ということになるだろう。

しさだと考えていただけると嬉しい。

viii ——実際、ある言語学者にこの記事に掲載した説を披露したところ、さっそく反論を食らってしまった。面倒くさいことこの上ない。

05 違う、そうじゃない

この連載を始めてちょうど一年になった。掲載頻度が三ヶ月に一度というゆったりさのため、「オレもすっかりこっち（UP）側の人間になっちまったか……」というような感慨は皆無だ。しかし個人的には、自分が「言語学」と名のつく連載を一年も続けているということに驚いている。

誰も興味の無いことだと思うので掘った穴の中に向かって言うが、実は私は、自分が言語学者だという自覚があまりない。客観的に見ても、言語学者としてはかなりアウトな方で、そのアウトさ加減と言えば大晦日に黒ずくめの人たちから棒で尻を叩かれるレベルだ。何せ博士号を取って以来、もう十年以上も言語学プロパーの業績を出していないし、ここ数年は言語学系の学会にもご無沙汰状態である。約二年前から、研究者としてのフルタイムかつエニタイムな所属先もない。

それなのに最近になって、言語学関連の文章を書くことが多くなった。そして肩書きにも「言語学者」を使うことが増えてきている。これまでは、自称っぽい「〇〇学者」の人たちがメディアに出ているのを見かけると「なんか胡散臭いな〜」と思ったりしていたが、まさか自分も似たような道を進むことになるとは思わなかった（まともな〇〇学者のみなさん、すみません）。しかしながら、自分の中から過去の所属先とか参加プロジェクトとかその他諸々を取り去ってみると、結局「言語学者になるための訓練を受け、博士号を取ったこと」ぐらいしか残っていない、という面はある。

こういったわけで、「どうも〜、言語学者で〜す」と自分で手を叩きながら出てきては「今日は名前だけでも覚えて帰ってくださいね」と言う売れない漫才師が如き振る舞いを続けているのだが、言語学者を表だって名乗ることにはけっこうリスクもある。というのも、言語学という学問に対する世間的なイメージが、実際とかなりずれているからだ。

以下、具体的にどういう「ずれ」があるかを解説してみたい。聞けばこの『UP』四月号は、T大の新入生にも配られるというではないか。通常、この連載のターゲットとしては中年以上を想定しており、若者はアウトオブ眼中という完全に前世紀なメンタルで書いているが、今回に関してはもしかしたら、進路を決めようと思っている学生さん方の参考になったりするかもしれない。

その1．外国語に堪能だと思われる

これは一番の「あるある」ではないだろうか。実際、これはさほど的外れでもなく、言語学者の中には多言語に精通している人がたくさんいる。

言うまでもないことだが、外国語の研究をしている人は研究対象の言語のことをよく知っている。話者の少ない危機言語のフィールドワークに行く人などは、調査対象の言語のみならず、調査をするために使う言語など、何ヶ国語も駆使することが多い。「調査をするために使う言語とは何だ？　調査対象の言語とは違うのか？」と思われるかもしれないが、言語調査においてはその言語の話者と基本的なコミュニケーションをとるために、しばしば「共通語」が必要になるということだ。たとえば私が英語を母語とする外国の言語学者で、ジャパンのキューシューという島の一部で話されているマイナー言語、「ナガサキ＝ベン（長崎弁）」を調査したい、と考えているとする。その際、もし私が英語しか話せなければ、長崎弁の話者に何か聞いても伝わらないかもしれないし、また長崎弁で「こんひとなんばいいよっとかしらん[i]」とか言われてもホワット？で終わってしまう可能性が高い。これに対し、もし日本語（全国共通）を話せるならば、それを媒介にして、「長崎弁で、この魚は何と言いますか？　……『アラカブ[ii]』ですか、そうですか」とか、「『とっとっと』ってどういう意味ですか？　……ああ『取っておいているのだ』という意味なんですね」のように、調査を進めることができる。

　フィールドワークの場合、調査対象の言語の話者たちが交通の便の悪い土地に住んでいたりすると、そこに行くまでの中継地点に長期滞在することもあるため、その地域のメジャーな言語を使う必要も出てくるという。さらに、調査対象の言語がごく内輪でしか話されないものである場合、相手の人たちと相当仲良くならないと調査ができないという話も聞いたことがある。そんなとき、どうやって打ち解けるのか？という疑問に対する答えは、ズバリ「酒」であった。つまりフィールドワークには語学力だけではなく、肝臓の強さも必要なのだ。知り合いの言語学者の中には、現地の方々と非常に仲良くなって家まで建ててもらい、またお別れの宴で立派な豚を一頭振る舞われた方もいる。そういうのは、同じ言語学者から見ても実にシビれるし、憧れる。

　しかし、だ。「いろんな言語を操れる」というイメージを言語学者全体に対して抱かれると困るし、「言語学者は酒に強いんだろ？」と濁り酒を一升瓶から飲むように勧められるともっと困る。言語学も実に幅広く、さまざまな対象・分野があるのだ。たとえば私の研究対象は

「日本語」であり、どうにか仕事で使えるレベルの外国語は英語ぐらいだ。つまり私が持ち合わせているのは、他分野の大多数の研究者と同じ、「母語＋英語」というきわめてベーシックなスキルセットなのだ。そういう人間に「ねえ、今聞こえてきたの、何語？」「この文字、何て書いてあるんですかね？」「分からない言語があって困っているんです！　お客様の中に、言語学者様はいらっしゃいませんか！」などと言われても困るのだ。ましてや、テッド・チャンのSF『あなたの人生の物語』(iii)に出てくる言語学者のように、宇宙人の言葉を解読するなどもってのほかである。(iv)

i──「この人、何を言っているのかしら」の意。

ii──カサゴのこと。

iii──浅倉久志他訳、ハヤカワ文庫SF、二〇〇三年。

iv──しかしながらここまで書いて、一つだけ宇宙語を知っていることを思い出した。てんびん座人の「ビルビルストー（こんにちは）」である。以前大槻ケンヂ氏のラジオ番組で、ゲストの中沢健氏が紹介していたものだ。オカルトや宇宙人にくわしいお二人の話によれば、てんびん座人は「合理的な反面、情にもろい」のだという。いつか遭遇したときのために覚えておきたい。

その2. 言葉のセンスがあると思われる

私の場合はとりあえず、早めに「日本語が専門なんです」と言っておけば、「いろんな言語を話せるんですね」と誤解されることは避けられる。しかし、それですべてのリスクが無くなるわけではない。次に来るのは、「日本語がご専門？　ということは、日本語を使うのがお上手なんでしょうね」攻撃だ。

「日本語が上手」という言葉自体曖昧だが、経験上、その中にはけっこうな割合で「言葉のセンスがある」が含まれている。ここでいう言葉のセンスとは、ざっくり言えば、乱れた世相を巧みな表現でばっさり斬るスキルとか、生活の中のちょっとした喜怒哀楽を独自の視点でみずみずしく語るスキルとか、私が心の中にモヤモヤと持っていた何かをこんなに上手に言語化してくれてありがとうございます的なスキルのことだ。しかし、そういうのは言語学とは関係がない。ネーミングのセンスとかキャッチコピーを作る技術とかについても、言語学ではなく、そっち系の才能や修業を必要とするものだ。

にもかかわらず、「言語学者＝言葉の専門家なんだから、何かセンスを感じさせるフレーズを思いついて当然でしょ」のように言われることがある。「なわけねー」のである。言語学者に言葉のセンスを要求するのは、植物学者にフラワーアレンジメントを頼むようなものだ。つまり、ある対象について研究できることと、その対象を用いて何か良さげなものをこさえて、しかも要求されたシチュエーションにふさわしい形でプレゼンできることというのは、基本的に異なるスキルだ。ただし、私には植物学者の知り合いがいないので、もし植物学者の皆様が全員フラワーアレンジメント巧者であったら申し訳ない。

その3. 誤用や言葉の乱れに厳しいと思われる

とはいえ、外国語に堪能だとか言葉のセンスがあるとかはポジティブなイメージなので、私もそれに見合うように語学を頑張るなり、センスを磨くなりすればいいだけの話かもしれない。しかしこれら以外にも、ちょっと困る誤解がある。それは、「言語学者＝正しい言葉使いの番人」というイメージだ。つまり、言語学は「正しい日本語の使い方」を研究する学問だという思い込みである。

人と話しているとき、相手が私に「あっ、言語学者の前でこんな間違い（／言葉使い）をして恥ずかしいです（汗）」のようにおっしゃることがたまにある。これは、ちょっと怖いなと思う。こういう人の前でもし私が、「引っ込み思案」を「引っ込み茶碗（ぢゃわん）」と言ったり、「やむを得ません」を「やむおえません」と書いたり、「全然オッケーですよ」とか言ったらどうなるのだろう。「言語学者のくせに、あんな間違い／言葉使いしやがって」と思われるのではないだろうか。

世の中には、誤用とか言葉の乱れに厳しい人がたくさんいる。言葉の乱れというのは、大まかに言えば、新しい表現や用法の出現などといった「言語の時間的変化」だ。誤用の中にも、当初は「本来の意味とは異なる、逸脱した用法」だったのが、新たに市民権を得るほどに広まったものがある。それらの言い回しを若い世代が使うと何かと目に付きやすく、「若者の言葉は乱れている」と言われることが多い。私自身、「この店では○○カードがご利用できます」のような張り紙を見かけると、「それを言うなら『ご利用になれます』だろうがッ！　尊敬語と謙譲語の見分けが付かなくなることを何と心得るッ！　実にけしからんッ！」と、カツオを叱る波平のような気持ちになる。

中高年としては、こういった耳慣れない表現を「乱れた言葉」「間違った日本語」としてばっさりと切り捨て、そこら辺の路上でウェイウェイ言ってる若者たちに正しい日本語の何たるかを思い知らせたいところだ。しかし残念なことに、そういった老害、いや、伝統を重んずる中高年（私含む）の期待に対して、言語学はたいして応えることができない。無軌道な若者たちの言葉使いに我慢ならない人びとから「先生、あいつらの日本語、間違ってやがるんです！叩き切っちゃってください！　おねげえします！」と用心棒扱いされても、こちらとしてはとくに手の出しようもなく、その場で稀代の斬られ役・福本清三ばりの討ち死にを演じてごまかすしかない。

なぜそうなのかというと、言語学の研究対象は「正しい言語使用」ではないからである。言語学、少なくとも私が関わっている理論言語学では、言葉を「自然現象」として見る。言うまでもなく、自然現象は自然現象であり、そこには「正しい」も「間違っている」もない。台風が逆走したり、季節外れの大雪が降ったりすると、「おい、何か間違ってるぞ！」と叫びたくなるが、それは人間の都合から出た思いであり、自然の側からするとそれは必然的に起こっているのだ。どんな気候が正しくてどんな気候が間違っているかのような「規範」は、自然の中には存在しない。言語学の対象としての言語とは、まさにそういったものなのである。実際、ら抜き言葉であるとか、「全然オッケー」のような言い回しであるとか、そういうのは言語学の興味深い研究対象でこそあれ、排除の対象ではない。そういった言語変化はたいていシステマティックに起こっており、言葉というシステムに対して貴重な示唆を与えてくれるのだ。

もちろん、そういう言い回しを目上の人の前とかフォーマルな場で使っていいかといった、マナー上の問題はある。また、個人的な思い込みから起こる誤用なんかも、他者とコミュニケーションをとる上では弊害になるので、早めに修正する（つまり、その時代の大多数の人びとの使用に合うよう、語彙・用法の知識を更新する）のが望ましい。しかし個人的な間違いも、その人の中では一貫していることがあるので侮れない。たとえば私の知人には、「エマニエル」という言葉を「いやらしい」という意味だと思い込んでいた人がいる。子どもの頃にフランス映画『エマニエル夫人』[v]を見てそう「誤習得」してしまったらしいのだが、その後それは修正されるどころか、「エマニエル坊や」を見てさらに「エマニエル＝いやらしい」というつながりが強化されたという。曰く、「子どもなのに『リンリン電話がリンギントゥナ〜イ』とか、ませた曲を歌っているから『いやらしい坊や』なのだと思った」そうだ。こういう間違いは面白いので、いいぞもっとやれ、と思ってしまう。

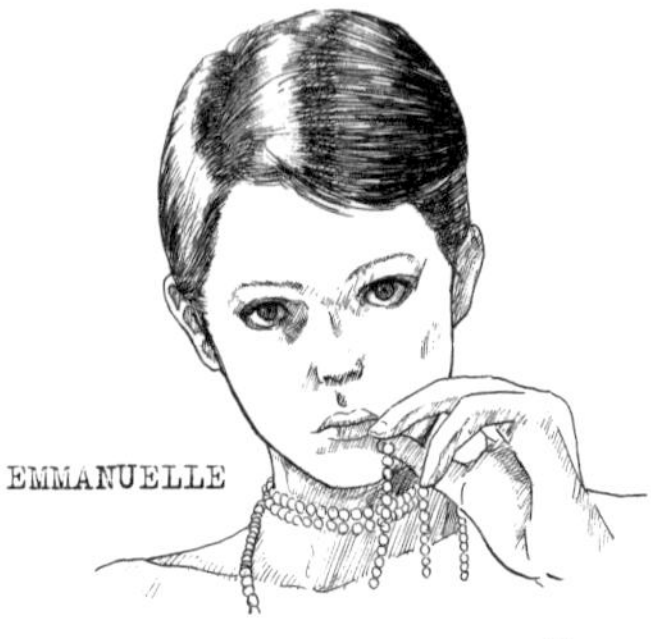

じゃあ、何をやっているんですか？

じゃあ実際に言語学では何をやるんだという話になると思うが、今回は「そうじゃない話」

ダディ…
これちが…
グフじゃないよ
シリーズ途中から
類似することを
放棄したかのように
人型ですら
なくなる
モビルフォー○ガニガル
アッカ

に字数を使いすぎてしまった。しかし、ガンダムの話をせずにガンガル[vi]の話で終わるようなことになるのも不本意なので、少しだけ自分の研究分野の話をしたい。

私が主に取り組んできたのは、理論言語学、中でも日本語の文法および意味理解の研究である。文法と言うと「ほらやっぱり『正しい日本語』の話じゃねえか」と思われるかもしれないが、ここでの文法は私たちの頭の中にある「文を生み出すメカニズム」のことである。つまり学校の先生だとか偉い学者とかに「日本語はこうでなければならない。だから従いなさい」と押しつけられるような規範ではなく、むしろ、私たちが普段言葉を使う際に頭の中で動かしている仕組みのことだ。

そういった「仕組み」は、普段意識しないレベルで潜んでいるがゆえに、白日の下にさらすのが難しい。それについての知見を得るために、言語学者は話者の頭の中を探っていく。研究対象が自分の母語ならば、自分の頭の中の「仕組み」を内省的に探り、仮説を立て、それをまた頭の中で検証することになる。つまりフィールドワークのフィールドとか、自然科学の実験室に当たるものが、自分の中にあるわけだ。これは実に手軽なのだが、独自の困難や課題も多い。しかし自分の「無意識の知識」に触れることには、他の活動では得がたい喜びがある。

言語学にはこの他にも多くの下位分野があり、研究活動の内容も、脳波を測定したり、子どもの言語習得の過程を観察したり、古い文献を詳細に調べたりなどさまざまである。興味を持たれた方はぜひとも、言語学の講義を聞いたり、書物にあたったりしてみていただきたい。

---

v——余談だが、エマニエル夫人を演じたシルヴィア・クリステルがフランス人ではなくオランダ人だと知ったときは非常に衝撃を受けた。「インドの狂虎」タイガー・ジェット・シンがカナダ人だと聞いたときと同じくらいの衝撃であった。

vi——一九八〇年頃、ガンダムのプラモデルの人気に便乗して売り出された、有名な類似商品。当時、親御さんがガンプラと間違えて子どもにこれを買い与えるという悲劇が多発したらしい。しかし今ではマニアの間で高額取引されているというので、世の中何が起こるか分からないものである。同じシリーズに、「量産型ザク」そっくりの「量産型ズク」というのもある。

06 宇宙人の言葉

自分が他人にどう見えるかを気にしすぎるのはどうかと思うが、そういうことが全然気にならない人も少ないだろう。私はかなり気にする方で、しかも「できれば、自己イメージとか考えない自然体の人だと思われたい」という、かなり面倒くさい入れ子型の欲求の持ち主である。……と正直に書くことで、これまた「この方は正直で飾らない、自然体の人なのね」と思われたいという、さらに面倒くさい入れ子型の欲求の持ち主である（以下無限に続くため省略）。何が言いたいかというと、この『UP』誌上における私のイメージがピンチだということだ。

原因は『UP』二〇一九年三月号、本誌上の人気者STO先生（仮名）の連載の内容にある。その時点までのSTO先生と本連載との関係をかいつまんで言うと、次のようになる。

本連載『言語学バーリ・トゥード』開始（二〇一八年四月）

↓　ＳＴＯ先生が本連載に対して、「バーリ・トゥードという言葉をきちんと説明せんかい」（大意）とクレーム（二〇一八年六月号）

↓　本連載が「注文《ちゅうぶん》が多めの謝罪文」というパクりタイトルで、ＳＴＯ先生に謝罪＆言い訳をした上、バーリ・トゥードを雑に説明（二〇一八年一〇月号）

そして問題の二〇一九年三月号だが、ＳＴＯ先生は、本連載の謝罪文を読んで「容赦なく全力でいじられてしまい、しばらく呆然として人間不信に陥」った上、「もよりの警察に相談しようかとも思った」が、結局「Ｔ嬢の同席のもと、某所で（川添と）手打ちを行い示談が成立した」と書かれているのだ。

これではまるで、私がとても怖い人のようではないか。この文脈だと、読んだ人が「示談をした都内某所って、きっと歌〇伎町の事務所なんだろうな」とか、「ＳＴＯ先生は、日本刀とかが飾ってある部屋で黒革のソファーに座らされて怖い思いをしたんだろうな」と思うかもしれない。

ＳＴＯ先生、Ｔ嬢との会合が行われたことは事実なのだが、それは終始なごやかムードの中で行われた（と、こちらは認識している）。実は私はＳＴＯ先生の著作の長年のファンであり、この連載もSTOスタイルを若干パクり気味で開始してしまったため、まずはお会いしてきちんとご挨拶を、という意味の会合でもあったのだ。つまり図式としては、長州小力が長州力に挨拶に行ったようなものなのである。私がSTO先生の「天敵」であるなどという説もささやかれていると聞くが、私はけっして、初代タイガーマスクに対する「虎ハンター」小林邦昭のような立場ではない。

なぜ私がSTOファンなのかというと、単純にSTO先生の文章が面白いからという理由の他に、「宇宙になんとなく興味がある」ということがある。何を隠そう、子どもの頃の私の夢は「天文学者になること」だったのだ。直接のきっかけは小学四年生のときに映画『E.T.』を観たことだったが、一時期はかなり本気で考えていて、星とか宇宙の本を買っては恒星や天体の名前を覚えたりしていた。ギリシア文字も全部そらで書けたものだ（その後完全に忘れたので、大学のギリシア語の授業では苦労した）。しかしその夢は小学六年生のときにあえなく潰えた。理由は、誰かから聞いた「天文台は人里離れた寂しい場所にあるため、天文学者になったらそういうところに住まなければならない」という一言である。県外にすら出たことがなかった超インドア小学生の心を折るには、それだけで十分だったのだ。ただし、たとえそのときあきらめなかったにしても、高校時代に数学と物理がさっぱり分からなくなったので結果は同じだったと考えている。

上記のように夢破れはしたものの、幼き日に抱いた宇宙への憧れ的なものは、大人になっても心のどこかに残っている。だからこそ、STO先生の著作を手に取ったりしていたわけだが、少なくとも本職（言語学）で宇宙に絡むことはないだろうと思っていた。世界広しと言えど、宇宙にガチで絡んでいる言語学者なんていないはず……と、一応確認のためにネットを検索したところ、こういう感じの見出しが目に飛び込んできた。

ノーム・チョムスキー「宇宙人の言語は地球人の言語とあまり変わらない(1)」

一応断っておくが、これは東スポの見出しではない。注目すべきは、チョムスキーが「宇宙人の言葉」に言及したということだ。チョムスキーと言えば、二〇世紀後半の言語学界に一大潮流を生み出した生成文法理論の生みの親、つまり日本のプロレス界で言えば力道山のような存在である。その大ボスが宇宙に絡んでいるというのだ。言語学 vs. 宇宙なんて、水泳 vs. 剣道ぐらい嚙み合わないものと勝手に思い込んでいた自分の小物ぶりを改めて認識させられた。

それで内容をよく読んでいくと、チョムスキーの発言は ISDC2018 という宇宙系の学術会議内での共同発表中に出たらしく、「酔狂なことを言えば、火星人の言語も地球人の言語とさほど変わらないかもしれない」("To put it whimsically, the Martian language might not be so different from human language after all") というものだったらしい。発表タイトルもシンプルに、自身が長年にわたって提唱してきた「普遍文法（Universal Grammar）」。おそらくUniversalという言葉で「宇宙（Universe）」とかけているのであろう。さすがチョムスキー先生、スケールが違うぜ！と完全に瞳孔が開いた笑顔でガッツポーズを決めた次第だ。

しかし冷静になってみると、この発言、いくらなんでもぶっ飛びすぎではないだろうか。チョムスキーはどういう話の流れで、またどういうつもりでこう言ったのか？「酔狂なことを言えば」って、どの程度の酔狂なのか。そこでさらに調べてみたのだが、この発言の真意が分かるようなソースにはたどり着けなかった。その代わりと言っては何だが、たまたま見つけた一九八三年のインタビュー(ii)で、インタビュアーの「我々は宇宙人の言語を習得できるのでしょうか？」という問いに対してチョムスキーは「宇宙人の言語が普遍文法の原理から外れていな

i ——Mack, Eric "Alien languages might not be that different from ours", CNET.com, May 26, 2018 (https://www.cnet.com/news/alien-languages-might-not-be-that-different-from-humans-says-noam-chomsky/).

ければ可能でしょう。ただ、言語の構成法が無限にあることを考えると、その可能性は低いですね」と答えており、インタビュアーから「それでは普遍（universal）文法とは呼べないですねw」と突っ込まれている。ええと……結局、どっちやねん！

というわけでよく分からないのだが、チョムスキーのその場その場の言動に対してああだろうか、こうだろうかと悩むのは、言語学者としてはあまり良い姿勢ではない。というのは、言語学も他の自然科学と同じく、[iii] 研究者が他の研究者の考えについて予測を立てる場合に参照すべきは、その人の場当たり的な発言ではなく、あくまで「理論」であり、「明確に述べられた主張」であるからだ。ここはやはり、チョムスキーの理論を出発点にして考えてみるべきだろう。

普遍文法は全宇宙共通なの？

まず、チョムスキーの主張についてよくご存じない方も多いと思われるので、簡単に解説したい。チョムスキーの主張の中で際立っているのは、「言語の生得説」であろう。これは、

先生
日本に来る
宇宙人は
日本語堪能デス
ウム
予想どおりだ

我々人間の脳内には言語を習得するための知識が生まれつき備わっているというものだ。こうは言っても、生まれたばかりの赤ちゃんが「ママの英語、ヘタでちゅね〜。今のはtheじゃなくてaと言うところでちゅよ?」とか思っているという意味ではない。赤ちゃんの脳内にあるのは、個別の言語の知識を生み出す「原型」というか「装置」のようなものであり、生後それが個別の言語にさらされることで、日本語なり英語なりの知識になっていくというものだ。そしてその知識の原型ないし装置の中に実現されている原理原則が、チョムスキーが「普遍文法」と呼んでいるものである。

この考えに対しては「なわけねーだろ」と批判する人も多い。メジャーな反論は「人間には、道具の使い方とか泳ぎ方とかを覚えるときに使うような、一般的な学習能力がある。言語も何ら特別ではなく、そういった学習能力によって習得されているはずだ」というものだ。実際、人間は多くのことを見よう見まねだったり、他人に教えられたりして学んでいく。言語もそうやって学ぶことの一部にすぎない、というのがその人たちの主張だ。それに対してチョムスキーは、言語の習得に関しては他のことの学習とは異なり、個々の子どもに対する言語的な刺激が偏っていたり間違っていたりしても、ある年齢に達するとほぼ一様に正しい言語使用ができるようになることを指摘している。不用意な言い方をすれば、他のことに関しては子どもは「十を聞いて一を知る」タイプの習得の仕方をするのに対し、言語に関してはどうも「一を聞いて十を知る」タイプらしい、ということだ。チョムスキーはこれを「生まれつき備わった言語習得の仕組みがなければ説明し難い」として、生得的な言語知識および普遍文法の存在を主張しているわけだ。

チョムスキーの主張の是非についてここで論じるスペースはないが、もしこの主張が正しくて、我々の脳内に生得的かつ普遍的な言語知識が備わっているとしても、それが宇宙人に共有されていると考えるのには無理があると思う。チョムスキーの言う言語知識は、我々人間の脳の構造に依存しているはずで、まったく異なる認知機構を持つ（かもしれない）宇宙人の中に同じものがあるとは考えにくい。よってこの点に関しては、一九八三年時のインタビューの内容に同意する。

言葉に普遍的な特徴はあるか

では、宇宙人の言葉と我々の言葉に何か「普遍的な共通点」みたいなものはないのだろうか。これ自体は非常に難しい問題だ。というのは、「言語とはそもそも何か」という根源的な問題をどう考えるかによって、答えが変わってくるからだ。それをここで論じるのは面倒くさいので、今回は一九七〇年代に日本のお坊さんが録音したという宇宙人の言葉（無論、オカルト方面）を紹介してお茶を濁そう……と思ったが、一部の真面目な読者の方々にお叱りを受けそうな気がしたので、「根源的な問題にはとりあえず雑な答えを与えておき、それを仮定にして考える」という技を使ってみたい。

その雑な仮定とは、「言語」を、「自分が認識した状況や自分の内部状態（思考・感情含む）などを、なんらかの信号で表現して他者に伝えられるようにしたもの」とするものだ。ここでい

ii ——"Things no amount of learning can teach", Noam Chomsky interviewed by John Gliedman, November 1983 (https://chomsky.info/198311__/)

iii ——「えっ、言語学って自然科学なの？」と疑問に思われる方もいらっしゃるだろう。このあたりについて語ると話が長くなるので、いずれ何らかの機会に書いてみたいと思う。

う「信号」というのは、我々地球人の場合は、音声や文字や体の動き（手話など）にあたる。ただしこれだけだと、地球上の他の動物の鳴き声や行動も含まれそうだし、広い意味での芸術作品とかも含まれそうだ。これらを言語と見なす立場もあるだろうが、ここでは我々が日常的に考える「言語」に近づけるために、「我々が区別したいと考える内容を、極力区別して表現できる」ということと、「意味解釈の仕方がおおよそ決まっており、受け手や状況によって解釈が大幅にぶれたりしない」ということを付け加えたい。これらも雑な仮定なので、足場は相変わらずプールに浮いてるスポンジ板のような心許なさだが、猫のゴロゴロ音とかバンクシーのアート作品とかを「言語」から除くぐらいの効果はあるだろう。

では、宇宙人が上記のような「言語」を持っているとして、我々の言語と共通する普遍的な特徴はあるだろうか？　有力な候補として考えられるのは、「限られた数の信号の基本単位を組み合わせて、より多くの複雑な信号を作る」という点だ。我々地球人は、限られた数の音声や文字を組み合わせて単語を作り、それらの単語を組み合わせて句や文を作る。こうすることで、数少ない信号の基本単位（個々の音声や文字）から無限の信号を生み出して、膨大な「言いたいこと」を区別し表現しているわけである。

もしこういう「組み合わせ」がまったく行われないとしたら、我々が言葉で表現できることは非常に少なくなってしまう。たとえば二十数種類の音声を基本単位とする日本語の場合は、言いたいこと一つに一音声を割り当てると、言いたいことを二十数個しか区別できない。一つの音声に多少の多義性を持たせたとしても、せいぜいその数倍〜数十倍程度しか表現できないだろう。「我々が区別したいと考える内容を、極力区別して表現できる」ような言語を実現するには、やはり「信号の組み合わせ」が必須になると思うのだ。

もちろん相手は宇宙人なので、地球人よりもずっと多くの「信号の基本単位」を区別できるかもしれない。しかしたとえ、無限に近い数の「基本単位」を区別できる宇宙人がいたとしても、言いたいこと一つに基本単位一つを割り当てるというやり方では「それまでに言ったことのない、新しいこと」を言いづらくなってしまうはずだ。

仮に、「色」(光の波長)をいくらでも識別できる宇宙人がいて、「言いたいこと」に一つずつ「色」を割り当てて表現していたとする。過去に自分や他人が言ったことを表現するなら、それらにすでに割り当てられている色を使えばいいだろう。しかし新しいことを表現したいときには、新たに「色の割り当て」を行わなくてはならない。たとえば、「火星人は頭が悪い」という思考内容に「赤っぽい橙色」を割り当てていた宇宙人が、地球人に初遭遇し、「こいつらも頭悪いな」と思ったとする。それを色で表現しようとすると、「地球人は頭が悪い」という思考内容に割り当てる「色」を決めて、「今後、『黄色っぽい橙色』は『地球人は頭が悪い』っていう意味で〜す」と、仲間全体に広く触れ回らないといけないのだ。これは面倒くさいし、何より「これこれこういう、新たな割り当てをしましたよ」ということ自体「新しい内容」なので、これを既存の色で表現することは不可能で、またこれに新たな色を割り当てなくてはならないという無限ループが待っている。

その点、地球の言葉である日本語では「信号の組み合わせ」が使えるので、「火星人は頭が悪い」の「火星人」を「地球人」にすげ替えるだけで新しいことが表現できる。また、「新しい割り当て」を宣言するにしても、「二〇一九年五月以降の年号は令和です」のように、新しい信号（「令和」）と既存の信号を組み合わせればいい。なんと便利なことだろう。

以上のような理由から、宇宙人の言語といえども「信号の組み合わせから成り立つ」という特徴からは簡単に逃げられないと思うのだが、どうだろうか。もしかしたら件の記事のチョムスキーも、そういう意味で「宇宙人の言葉は我々の言葉とさほど変わらない」と言ったのかもしれない。だが、もしこの特徴が共有されているとしても、「さほど変わらない」と言っていいのかよく分からない。我々は聴覚や視覚（点字などの場合は触覚）によって知覚される言葉を使うが、宇宙人は我々にない感覚を使うかもしれないし、たとえ聴覚を使うとしても、百個ぐらいある発声器官から同時に発せられるような言葉を我々が理解するのは困難だろうし、一つの言葉を言うのに百年かかるような話し方だったらコミュニケーションは取れないだろう。また、我々は物体やその状態を中心に外界を認識し、その認識の仕方が言語にも反映されているが、宇宙人は全然違う外界認識の仕方をしているかもしれない。そんな人たちと「分かり合える」のか、私には分からないし、またそういった分からなさが宇宙の魅力なのかもしれない。

今回はSTO先生と本連載との歴史的背景というきわめて浅いところから入って、かなり宇宙人の言葉に深入りしてしまった気がする。もしかしたらこれを「序章」として、いずれまた考察をするかもしれない。その場合、今回の内容は『スター・ウォーズ』のオープニングでずらずら流れる説明のような位置づけになることと思うので、その点ご了承いただきたい。

07 一般化しすぎる私たち

初出：『UP』2019年10月号

最近、メンタルのヘルス具合がよろしくない。原因は、気の滅入るニュースの多さだ。普段からテレビを見ず、ろくに人とも会わず、一日のほとんどの会話を自分の脳内で完結させるようにしている私の耳にも、うんざりするような情報の数々が入ってくる。ツイッターを見るのも一日一五分までに制限しているが、不毛な言葉の応酬が目に入らないようにするのは難しい。[1]

それにしても、なぜ人は互いに憎しみ合い、罵り合うのだろうか？　ホワイなぜに？と考えても仕方がないので、気が滅入ったときは即座にプロレスを見るようにしている。正直に言えば、別に気が滅入っていなくても毎日プロレスを見ているが、ささくれだった心を癒やす効果がプロレスにあることは確かだ。

言葉による罵り合いには眉をひそめるくせに、プロレスのような物理的な「どつき合い」に癒やされるのはどうなのか、というご意見もありそうだが、リング上では若手もベテランも平等だし、相手を攻撃すれば自分も攻撃されるし、しかもただ相手をブチのめせばいいというわけではなく、観客を納得させる形で勝たなくてはならない。レスラーたちが試合前や試合中に相手を罵ったりすることもあるが、「吐いた言葉、飲み込むなよ」(ii)という長州力の言葉にもあるとおり、放った言葉の責任はすべてレスラー本人が自らの体で背負わなくてはならないのである。よって、ネット上で見られるように、匿名で暴言を吐いて一方的に人を傷つけ、都合が悪くなったら消えるなどといった行いは、プロレスの世界には存在しない。

そして何よりもプロレスの勝負には、観客である自分が巻き込まれる心配がない。会場で、しかも最前列で見ていればトペ・スイシーダ(iii)なんかを喰らう可能性がまったくないわけではない。危険。

i――「いったい何のニュースのことを言っているのか?」と思われるかもしれないが、書くのもしんどく、似ても似つかぬボン・ジョヴィの真似で「ソォ〜〜タ〜ア〜〜フ」と歌ってしまうぐらいキツいので、ただ察していただければと思う。ちなみに、この回を書いているのは八月である。掲載される頃には、事態が少しでも落ち着いていることを願っている。

ii――二〇〇三年、プロレス団体ZERO-ONEの道場での記者会見中に、長州力が橋本真也に向かって放った言葉。「コラコラ問答」で検索すれば動画が見られる。「ナニコラ、タココラー!」など、プロレス史に残る名言が多い。

iii――プロレス技の一つで、リング上で助走をつけてリング外の相手にダイブする技。とっても危険。

いが、画面を通して見ているかぎりでは安全だ。他方、ＳＮＳの炎上とか誹謗中傷とかには、誰でも巻き込まれる危険性がある。しかも、どんなに長くても一試合三十分から一時間程度で終わるプロレスとは違い、これらは原則として時間無制限のノールールデスマッチであり、その上相手はいくらでも湧いてくるので本当に恐ろしい。

　人間には、自分の筋を通すために批判覚悟で発言しなくてはならないときもあるが、意図せず人を傷つけたり怒らせたりするような事態は避けたい。そのためにどうしたらいいかは難しい問題だ。言葉というのはどんなに気をつけて発しても曖昧さは残るし、こちらの意図していない解釈をいくらでもされるものだ。「私はいつだって、意味が明解で曖昧性のない言葉を話しているから大丈夫」と自信のある人もおられるかもしれないが、それは「自分はいつも安全運転をしているから絶対に事故に遭わない」と言っているのに等しい。つまり言葉のトラブルは相手のあることなので、完全に防ぐことができないという点で交通事故と同じである。とはいえ、「どのみち完璧に防げないんだから気をつける必要はない」というのも間違いだし、ルールを守らない煽り運転的な言動を繰り返したら、最悪お縄を頂戴してしまう。

CHOSHU
RIKI

ネココラ問答
ニャンコララ
ネココララ
吐いた毛玉
飲み込むなよコララ
飲み込まねーよ
コラ
マタタビ
マタタビ

「言葉の事故」を防ぐには、その原因についてよく知る必要があるだろう。今回はとりあえず、誰でもやってしまいがちな「過剰一般化」について考えてみたい。

一般化の功罪

「一般化」という用語は、限られた数の観察から、現象の全体像や法則性を導き出す行為を指す。たとえば私が何匹かの猫を観察し、彼らが「ニャー」と鳴くことから、「猫はすべてニャーと鳴くものなのだろう」と推測するのがそれにあたる。一般化は科学において、仮説や理論を形成するために欠かせないプロセスだ。

科学者でなくとも、私たちはしょっちゅう一般化を行っている。しかも、かなり無意識にやっているようだ。よく知られているように、人間には「少ない事例について分かったことを、似たもの全体に結びつけようとする」という認知的なバイアスがある。こういったバイアスは欠点とされることも少なくないが、私たちが素早く物事を学ぶのに役立っている面もあるらしい。

たとえば、今井むつみ『ことばの発達の謎を解く』[iv]や広瀬友紀『ちいさい言語学者の冒険』[v]には、子どもが言葉を覚えていく過程でその手のバイアスが有効に働いている事例が紹介されている。今井によれば、二歳児に初めて見る物体の名前を教えると、子どもはその言葉が今目の前にある一個の物体の名前（つまり固有名詞）ではなく、それに形の似た物体全般の呼び名（一般名詞）だと推測するのだという。どうも一般化というのは、人間の中にかなり深く根付いているもののようだ。

「過剰一般化」というのは文字通り、一般化をやりすぎて、事実を正しく捉えそこなうことだ。たとえば、どこかの国の人が罪を犯したことを根拠に、その人と同じ国籍を持つ人全員を犯罪者と決めつけてしまうような行いは、その典型例であり、しかも最悪の部類と言っていいだろう。

子どもの言語習得の過程にも過剰一般化は見られるが、大人が無理に正そうとしなくても、子どもは自然と間違いを修正していくらしい。そう聞くと、なぜ大人になってからの間違った思い込みはなかなか直らないのか、不思議に思えてしまう。

私は心理学の専門家ではないので正確なところは分からないが、過剰な一般化をしているときにそれが意識に上っているかどうか、またそれを言葉にしてしまうかどうかが一つのカギなのではないかと思っている。子どもの言語習得における過剰一般化は、子どもの意識に上らず、それゆえ子ども自身が「今パパが言った『ポチ』という言葉は、目の前のこの一匹の動物に固有の名前ではなく、それに似た動物全般を意味する一般名詞に違いないデチュ」などと口に出すこともない。一方で大人の過剰一般化は、いったん意識に上ると、たいてい心の中で言語化される。その「言語化した過剰一般化」をさらに認識することで、その人の中で強化されてしまうのではないだろうか。さらにそれを口に出してしまうと、他人から非難されたり、あるいは賞賛されたりして引っ込みが付かなくなり、訂正する機会を失い、自己正当化がどんどん進んでしまうような気がする。端的に言えば、もんたよしのりが歌うとおり「言葉にすれば嘘

iv——ちくまプリマー新書、二〇一三年。
v——岩波科学ライブラリー、二〇一七年。

に染まる」のではないかというのが、私の考えだ。

主語の大きさ

『ダンシング・オールナイト』が脳内再生され始めたところで、言葉の問題に移ろう。過剰一般化を言語化したものの一つが、いわゆる「主語が大きい文」だ。言うまでもなく、これはSNSでの炎上においてもっともありきたりで、もっとも燃えやすい素材である。ただし、善良な読者の皆様の中には魑魅魍魎のうごめくSNSに接点がなく、この用語になじみのない方もいらっしゃるかもしれないので、一応説明をしておきたい。

できれば身近な具体例を挙げたいのだが、昨今では「例として挙げている」ということすら読み取ってもらえずに「こいつはガチでこう思っているんだな」と勘違いされ、拡散ののち炎上という事例も多発しているので、ここでは主語を「猫」にしたい。この連載を読んでいる猫様、カレー沢薫[vi]風に言えば「おキャット様」はさすがにおられないと思うが、さらに万全を期すために、述語を当たり障りのない「マタタビを好む」にしよう。

つまり、主語が大きい発言とは、

・「猫はマタタビを好む」のように「AはB」の形をした文で、

・「猫は一般に（／みな）マタタビを好む」という解釈ができるもので、
・さらにこの解釈が「猫」についての過剰な一般化であり、世のおキャット様たちをして「マタタビが嫌いな猫もいるニャー！」「いい加減なことを言うニャ！」「貴様はマタタビの回し者かニャー！」と怒らせるようなもの

である。

それにしても、「主語が大きい」という表現が市民権を得たのはいつ頃からだろうか？　初めてこの言葉を聞いたとき、昔のカレーのCMの「具が大きい」というフレーズが、小林稔侍の顔とともに頭に浮かんだのを覚えている。そのときは、意味を説明してもらっても、いまいちしっくりこない感じがした。私が気になったのは、「主語が大きい」という表現が、あたかも「主語のカバーする範囲が広い」ことにしか着目していないように聞こえる点である。

確かに「猫」という言葉は、「三毛猫」とか「ロシアンブルー」とかよりも広い範囲のおキャット様たちにあてはまる。しかしながら、実際の文中にこのような単独の名詞（専門用語で

vi——現在、多方面で活躍している漫画家兼コラムニスト。この連載も、読む人が読めば「必死でカレー沢をパクろうとしている」ことが一目瞭然だと思う。

「裸名詞《はだかめいし》」）が主語として現れた場合、つねにマックスパワーを発揮して「それにあてはまるもの一般」を表すわけではない。実際、述語が意味するものが「性質」か「状態」かによって、主語のカバーする範囲が変わってくることが知られている。(vii) 述語が「恒常的な性質」を表すとき、主語の裸名詞はそれが記述する属性を持つもの一般を表すことが可能だが、述語が「一時的な状態」を表すときはそうではない。

たとえば、「すばしっこい」とか「マタタビを好む」などは、かなり長期にわたって見られる恒常的な性質を表す述語である。そして「猫はすばしっこい」とか「猫はマタタビを好む」のような文は、猫一般についての言明だと解釈することが容易である。目の前にいる一匹あるいは数匹の猫について言っているという解釈も可能だが、どちらかというと、おおよそすべての猫について言っているという解釈の方が先に思い浮かぶ人が多いのではないだろうか。

これに対し、「猫は昼寝をしている」「猫はダイエット中だ」という文では、「猫は一般に〜」のような解釈が難しくなる。世の中の猫一般が昼寝をしている、あるいはダイエット中だと解釈する人はあまりいないだろう。これらは普通に考えれば、目の前にいる一匹（あるいは数匹）の猫についての発言である。これは、「昼寝をしている」「ダイエット中だ」が、一時的な状態を表す述語であるためだ。

このように、主語の大きさ、つまり裸名詞が文中において実際にどれほどの範囲をカバーするかは、述語に左右されるところが大きい。よって、自分の発言の主語が大きくなっていないかをチェックするときは、主語のみならず、述語にも気をつける必要がある。

そもそも、他人について何か言うとき、その「状態」ではなく「性質」に言及しようとすること自体に、多かれ少なかれ過剰一般化が伴うのではないか。たとえば誰かがぎこちない手つきで何かしているのを見て、「あの人は不器用だ」のように「その人の性質」を決めつけてしまうと、それは過剰な一般化になるだろう。

「みんな」や「全員」の文脈

「みんな」とか「全員」、「すべて」などの言葉も、過剰一般化を言語化する上でメジャーな部品だ。中でも、単独の「みんな」なんかはかなり雑に使われる印象がある。私自身も、つい「みんなそう言ってるよ」とか口に出してしまうことがある。単独の「みんな」や「全員」は、

vii——くわしくは、以下の文献における individual-level predicate と stage-level predicate の区別を参照のこと。Carlson, Greg (1977) "A unified analysis of the English bare plural," *Linguistics and Philosophy*, 1.3, pp. 413–58.

どの範囲の「みんな」「全員」なのかが文脈によって左右されるので、誤解を引き起こしやすい。高級ファッション誌の表紙なんかに「みんなグッチが好き！」とか書いてあるのを見れば「その中に私は入ってねえな」とはっきり分かるのだが、どういう人が誰に向かってどういうつもりで言ってるのかが明確でない場合も多々ある。

かなり前の話なのでうろ覚えだが、外国での長期滞在を終えて日本に帰ってきたばかりの人が、ＳＮＳに「久しぶりの日本の印象」を書き込んだことがあった。その中に「みんな日本人」のような文言があり、それに対して「確かにそのとおりだ」と共感する人びとと、「それは正しくない、日本にだって日本人じゃない人もたくさんいるのだ」と不快感を表す人びとがいた。

個人的には、「みんな日本人」と言った人の気持ちも分からなくはない。その人はおそらく、「道を歩けば多様な人種・国籍の人がいるのが一目瞭然の国から帰ってきたら、日本はパッと見、そういう多様性がないように思えてしまう」ということを言おうとしたのだろう。「みんな」の範囲も、発言者の中では「日本に帰国してから自分が見かけた人たち全員」のつもりだったと思われる。それなのに、読み手の中に思いがけなく「日本に住んでいる人たち全員」と受け取る人びとがいて、そのうちの一部の人が気分を害したということかもしれない。

またこれとは別に、発言者が他人に「日本に住んでいる人たち全員」と解釈されることを承知の上で、あえて「みんな日本人」のような言い方を選んだ、という可能性もある。その場合、発言者は、自分の本来の意図と実際の発言との間に見られる「ずれ」が、「冗談」という文脈によって埋められると思っていたはずだ。しかしながら、すべての人が「冗談が通じる文脈」の上にいるとは限らない。冗談が通じる文脈の見極めは、人びとの価値観が急激に変化しつつある昨今、とくに難しくなっているように感じられる。

家族や親しい人の間でならともかく、誰が見ているかも分からない場所で、思いつきをすぐ口に出すのは危険だ。自分の思っていることや感じていることには、意外と一貫性がなく、矛盾も多いものだ。私自身、炎上を極度に怖がるために、最近なかなかものが言えない状態に陥っている。ツイッターでも自分の本の宣伝しかしていない。

そんな私にとって、この『UP』は比較的安心して好きなことが書けるガンダーラのような場所だ。『UP』の読者の皆様はインテリがジェンスしている人たちばかりだから（←過剰一般化）、少しぐらい変なことを書いても許してくださるだろうと完全に油断しているのだ。もし私がこの連載で自著の宣伝しかしなくなる日が来たら、「何かあったんだな」と察していただければ幸いである。

08 たったひとつの冴えたAnswer

人と話していると、どんなふうにリアクションすればいいか分からなくなることがある。私は何も、出川哲朗並みの「リアクション芸の高み」を目指しているわけではなく、熱々おでんを口に含んだら無言で吐き出すような志の低い人間だが、それでも「ここはどういう言葉を返したらいいのだろうか」と悩む状況は多々ある。

私がもっともリアクションに困るシチュエーションの一つは、「他人が自虐的なことを言ったとき」だ。自虐とまではいかなくとも、他人が自身を低く評価しているようなことを言うシチュエーション全般が苦手だ。これについては、多くの人が共感してくれるのではないかと思う。たとえ普段の会話のほとんどを「だよね〜」「わかる〜」の二種のボタン連打で済ませている人であっても、話し相手が「私なんか、〇〇だし」などとご自身についてネガティブなことを語り始めたときには、さすがに真顔になって特殊技のコマンドを入れるべく、コントロー

ラーを握る手に力が入るのではなかろうか。とにかく他人の自己卑下というのは、絶対に肯定できないし、かといって否定するのにも技術が要る。

自身についてネガティブなことを言ってしまう人のほとんどは、内心「否定してもらいたい」と考えているはずだ。よって、聞き手の側としても、たいてい「この人は私に否定してもらいたいんだろうな。だから否定しなくっちゃ」と思って否定するわけだが、「否定して欲しいという意図をくみ取ったから、義務的に否定している」ことを相手に悟られてはならない。つまり、白々しさや取って付けた感じを伴う「そ、そんなことないよ〜（泳ぎ目）」といった否定の仕方はあまりよろしくない。

かといって、「あなたがご自身を卑下する発言は、客観的に見て正しくありません。だから私は、あなたの発言を否定いたします」のように正面からガチ否定すればいいというものでもない。というのは、自虐的な発言の裏には、けっこういろんな意図が隠れているからだ。

そもそも、「良い／悪い」などといった程度表現を使って何かを評価する場合には必ず、その人が想定している「標準的なレベル」が存在し、どのあたりを標準と考えるかは人によって異なる。[i]たとえば誰かが百点満点の試験で六〇点を取ったと聞いたとき、標準的な点数を五〇点ぐらいだと想定している人は「そこそこの成績だね」と言うだろうし、八〇点ぐらいが標準だと思っている人は「いやいや、悪い成績だ」と言うだろう。つまり、同じものに対しても、標準をどこに置くかで評価が変わる。

自己卑下発言は、今の自分のあり方が「私が考える標準レベルより低い」ことを表明するものだ。この中には少なからず、「私は安易に何かを良いと思ったりしない人間だ。私が想定している標準は、そこら辺の奴らが考える標準とはレヴェェェェルが違うのだ」という「理想の高さ自慢」、さらには「私は自分自身に対しても、客観的で容赦のない評価ができる」という「客観性を失わないワタシ自慢」が含まれていたりするので注意が必要だ。

また、「良さ」とか「美しさ」とか「面白さ」などに関する評価はたいてい、評価軸が一意に決まらない。たとえば同じ絵を見ても、技術面を重視して「いい絵だ」と評価する人もいれば、絵から受けるインパクトなどを考慮して「あまり良くない」と言う人もいるだろう。つまり、どこをどのように見るかによって、何通りもの評価軸が考えられる。それを考慮に入れると、他人の自虐的発言の中にも、「私が何かを評価するときに着目するのは、そんじょそこらの奴らには考えもつかないような側面だ」といった「目の付けどころがシャープ自慢」が含まれているかもしれない。つまり自虐的発言を全面的に否定すると、本人が暗に自慢したかったこれらの要素まで否定してしまうことになりかねない。

読者の皆様方には「そこまで気を遣う必要ある？」と思われているような気がするし、書いている自分も徐々にそういう気持ちになりつつある。だが、相手が気心の知れた人ならともかく、たいして親しくない目上の人だったりすると、やはり雑なリアクションは取りづらい。私自身、自虐にうまく対応できたことはあまりないし、他人を見ていてもそうなのだが、過去にお一人だけ、この方面で「すごい！」と思わされた方がいる。今回は、私にとって〝ヒーロー〟となった、その人のことをお話ししたい。

その人の名はＴＥＲＵ。そう、あの大人気バンドＧＬＡＹのボーカリスト、ＴＥＲＵさんである。

十年以上前、テレビだったかネット配信だったかは忘れたが、ＴＥＲＵさんが氷室京介氏とサシで対談している番組を見たことがあった。(ii) その頃、ＧＬＡＹが氷室氏をフィーチャーした

i――標準的なレベルをどのあたりに置くかは、その他さまざまな要因によって変わってくる。たとえば試験の点数が六〇点でも、平均点が五点の試験だったら「ものすごく良い成績」ということになるだろう。また、「大きいアリ」「小さいゾウ」と言う場合、普通は「アリとしては大きい」「ゾウとしては小さい」ことを意味している。つまり評価対象となるものの種別によっても水準が変わる。このあたりは拙著『自動人形の城――人工知能の意図理解をめぐる物語』（東京大学出版会、二〇一七年）でも取り上げているので、お読みいただけると嬉しい。

コラボ曲『Answer』をリリースしており、そのプロモーションの一環としての対談だったと思う。私自身はＧＬＡＹと氷室氏についてすごくくわしいというわけではないのだが、ＧＬＡＹのメンバーが氷室氏を最上級にリスペクトしているのは痛いほど理解していた。

『ＵＰ』読者にはさまざまな年代の方がいらっしゃると思うが、どの方も、多感だった十代の頃に聴いていた楽曲は強く印象に残っていると思う。音楽関係のお仕事をされている方なら、ほぼ間違いなく、その頃聴いた音楽に影響を受けているだろう。ちなみに私はＧＬＡＹのメンバーと同年代で、中学生の頃は、氷室氏がボーカルを務める伝説的バンドＢＯØＷＹの人気絶頂期だった。つまり、私もＧＬＡＹも、人生でもっとも多感な時期にＢＯØＷＹに出会ってしまった「ＢＯØＷＹ直撃世代」なわけだ。(iii) 中学のヤンキーが書く落書きには高確率で「ＢＯØＷＹ」やそのバリエーション（要するに綴り間違い）が入っていたし、ロックとかにそれほど興味がなく、運動場の土と泥にまみれながら部活ばかりやっていた私ですら、ＢＯØＷＹの楽曲とヴィジュアルには少なからず衝撃を受けた。だから、その後音楽を生業にしたＧＬＡＹがＢＯØＷＹならびに氷室氏から受けた影響の大きさは、察するに余りある。

実際、上記の『Answer』は、氷室氏とＴＥＲＵさんの双方の良さを最大限に引き出した素晴らしい曲で、長年にわたって氷室氏を見てきた人たちでないと作れないものだった。氷室氏と対談するＴＥＲＵさんの様子からも、氷室氏への尊敬の念がひしひしと伝わってきた。
しかし私は、画面のこちら側で両者の対談を見ながら、かなり緊張していた。先ほど私は氷室氏についてはあまりくわしくないと申し上げたが、とある面については、その対談を見ている時点ですでに人並み以上に知っていた。それは腕っぷしの強さ、つまり武勇伝方面である。吉田豪や浅草キッドなどの書き手による「有名人のコクのある話」が好きな私は、ヒムロックこと氷室氏についてのその手の話もしこたま仕入れていたのだ。氷室氏といえば、圧倒的な歌唱力とフィクションのような美しい容姿を併せ持つ稀有な人だが、ケンカの強さも有名だ。

ii――この対談を見てからかなりの年月が経っており、セリフの細かいところはうろ覚えなので、そのあたりはご了承いただけると幸いである。また、なんでＴＥＲＵは「さん」付けで、氷室京介は「氏」付けなのか、一貫していないじゃないかと思われるだろうが、今回はこれで進めさせていただきたい。理由は「なんとなくそう呼びたいから」だ。漫画『デトロイト・メタル・シティ』をご存じの方は、ＤＭＣのファンがクラウザーⅡ世とカミュを「さん」付けで呼び、ジャギを「様」付けで呼ぶノリと同じだと考えていただけるといい。ちなみに本文の後半では氷室氏のことをヒムロックと呼ぶことがあるが、これも筆者の「気分」である。

iii――さらに私の中学在学中には、人気絶頂にあったＢＯØＷＹが突然解散するという、昭和のプロレスでもまれに見るほどの大事件が起こった。いまだに解散の理由が明らかにされず、さまざまな説がささやかれているという点でもきわめてプロレス的だ。

何せ、BOØWYを結成する前にヒムロックに呼び出された布袋寅泰が「殴られると思った」と証言するほどなのだ。あの布袋氏をそこまでビビらせるなんて、どれほど強い（そして怖い）のだろう。そしてそういう目で見ると、氷室氏がステージで見せる美しい動きやポーズも、まるで武術家の演舞のように見えてくるので不思議だ。月刊『秘伝』あたりで特集を組まれてもいいんじゃないかと思う。

そんなヒムロック、つまり音楽面では崇敬すべき大先輩であり、なおかつめちゃくちゃ強くて怖い人である氷室氏と向かい合っているTERUさんを見ながら、私はハラハラしていた。「ヒムロック怖そう、TERUさん大丈夫かな」と。だがTERUさんは持ち前の人当たりの良さで、氷室氏との会話を朗らかに進めていく。ご自身も超一流のシンガーであるTERUさんが、氷室氏の前では少年のような顔で話しているのが非常にほほえましく、また氷室氏も可愛い後輩を前にして実に楽しそうで、饒舌になっている。見ている私の不安も徐々に薄れてきたそのとき、氷室氏がこんな言葉を口にした。

「TERU君はさ、いい声だよね。俺はさ、いい声じゃないからさ」

対談終了後
あ〜マジしんど
なまら
難問だった
千のナイフが胸に
せまってきたわ

来た！　超目上の人の自己卑下である。

一瞬にして全身がこわばるのを感じながら、私は思った。これは難問だ、と。しかも、「屛風の中の虎を捕まえろ」程度の謎かけとは訳が違う、超難問である。

まず、氷室氏の「俺はいい声じゃない」発言は、私を含むこの世の大多数の人間から見ればおかしな発言だ。だいたい、ヒムロックの声がいい声でないとしたら、「いい声とはいったい何ぞや？」ということになる。しかし氷室氏は、ご自身の声についてそのように思っているらしい。つまり氷室氏は「声の良さ」について、平凡な人間には分からない、独自の評価基準および評価軸を持っているのだ。きっとそれは、氷室氏の音楽に対する理念のようなものだろう。よって、「俺はいい声じゃない」発言を安易に否定すると、そういった理念まで否定することになりかねない。

さらに困ったことに、氷室氏の発言には、TERUさんへの「褒め」も含まれている。つまり氷室氏は、自分を「いい声ではない」と断じたその評価軸で、TERUさんを「いい声だ」と言っているのだ。尊敬する人に褒められるというのは、とても有り難いことだ。そしてそれゆえに、「いやいや、そんなことないっすよ〜」と否定したり、「そうっすかねえ〜」などと軽く受け流すこともできない。(iv) なんという袋小路！

さあ、どうするTERUさん！ 私の不安レベルが最大になったとき、TERUさんはこのように答えた。

「氷室さんの声は、聞いただけで氷室さんの顔が浮かんできますよね。俺は、歌声を聞いてすぐにその人の顔が浮かぶっていうことが、とても大切だと思うんです」

これがいかに素晴らしい受け答えだったか。それは、これに対して氷室氏が見せた反応に表れていた。氷室氏は、TERUさんの発言を聞きながら、一瞬、深くうなずいたのだ。それは間違いなく、「その側面は考えてなかったけど、確かに大切だな」という反応だった。

つまりTERUさんがやってのけたのは、相手が持ち出してきた「否定も肯定もしづらい評価軸」に対して、また別の新たな評価軸を提示してみせる、ということだったのだ。

私は画面の向こうのＴＥＲＵさんに向かって拍手喝采していた。そのときは、「ＴＥＲＵさんの対人スキルの高さハンパねえ」と思って感銘を受けていたのだが、後になって何度もこのことを思い出すうちに、これは「スキル」などという表層的なものではないことに思い至った。ＴＥＲＵさんの受け答えは、氷室氏を心から尊敬し、彼の音楽について普段から深く考えている人間にしかできないものだ。つまり大切なのは、「心」だ。

iv――他人に褒められるというのも、けっこうリアクションしづらいシチュエーションだと思う。とくに、自分と切り離しづらい身体的な特徴とか性格とか能力を褒められると相当戸惑う気がする。たとえば（私が言われたことがあるわけではないが）誰かから面と向かって「顔がいいですね」などと言われたら、困惑する人は多いのではないだろうか。全然困らずに「そんな当たり前のことに、キミは今頃気づいたのかい？」などと言えるようになるには、日頃から口に赤い薔薇を咥えて生活するとか、顔面を刀剣男士のような作画にするなどといった鍛錬が必要だ。

ただし、同じ褒め言葉でも、持ち物とか仕事上の成果物についてのお褒めの言葉は、どちらかというとリアクションがしやすい。私も、「その靴、素敵ですね」とか『自動人形の城』の王子様可愛すぎ最高ヤバイ死ぬ……ひでぶっ（爆死）」などと言われたら、勢いよく最敬礼で「あざっす！」と言えるし、ほぼ同時に自分の脳内の居酒屋で「お褒めの言葉、一丁いただきました～」「はいよろこんで～」のような学生バイト的なやりとりを始めるぐらいの余裕がある（ので、ジャンジャン褒めていただきたい）。持ち物や作品はその気になれば自分と切り離すことが可能で、それらに対する「褒め」も間接的になるため、対処がしやすいのではないかと思う。

なんだか、長々書いてきたわりにありきたりな結論になってしまったが、他人の言葉にどう反応するかについては、技術的なこと以上に、普段からの心の持ち方が重要なのだと思い知らされた一件だった。ちなみにＴＥＲＵさんは、つい二年ほど前にはオンラインＲＰＧの「ファイナルファンタジー14」に一プレーヤーとして現れ、他のプレーヤーたちと心温まる交流をしたことが報じられた。これからも、ＴＥＲＵさんからは目が離せない。

09 本当は怖い「前提」の話

知識や技術の中には、世の中に広めていいか悩ましいものがある。たとえば詐欺の手口についての知識は、防犯のために広く知られるべきだが、良からぬことを考えている輩にも要らん知恵をつけたりしていると思う。自然科学の中にも、役に立つ反面、人を傷つける凶器や兵器を作るのに使われたりする知識がある。なかなか難しいものだ。

言語学は、そういった物騒さとはあまり縁がないように見える。マッドサイエンティストといえばたいてい物理とか化学とか生物の博士で、言語学者がそういうキャラとして出てくる話は聞いたことがない。言語学者の中にも人間的にアブナイ人はいるかもしれないが、そういう人も「言語学を使って人類補完計画を実行する」などと考えたりはしないだろう。考えるようであれば本当にアブナイ人だが、人類を補完したり世界を滅ぼしたりする力はたぶんないから安心していい。

もちろん言葉そのものは危険物であり、人間が引き起こす悪いことの多くは言葉を介して起こっているが、言語学の知識の大部分は人畜無害だし、健康とか環境問題についての知識と同様に、大勢の人に知られた方が良いものが多いと思う。ただ、昔から個人的に「これは危ないかも」と思っているものが一つある。実は今までも「『言語学バーリ・トゥード』に書いちゃおうかな?」と思わなくもなかったのだが、なんとなくためらっていた。しかし最近、その知識がとあるテレビ番組で披露されているのを目にしてしまい、もう書いてもいいんじゃないかという気持ちになっている。

その番組を見たのは、今年の正月だ。私はテレビを持っていないので、年末年始の帰省期間はその年にブレイクした芸人とかアイドルを見て「今、誰がトレンディ（死語）なのか」を学習する貴重な機会となっているが、今年はなぜか「キムタク祭り」となった。というのも、木村拓哉さん主演のドラマとか映画とかが毎日のように放送されていて、どれも面白そうだったので全部見てしまったのだ。結果的に、令和の世になってもキムタクがトレンディだということを思い知らされたわけだが、中でも警察学校の生活をリアルに描いたドラマ『教場』では、キムタクが白髪のイケオジ教官を演じていてかなりインパクトがあり、ストーリーもとても面白かった。

そのドラマの中で、警察学校の生徒たちが事情聴取の練習をする場面がある。生徒が警察官と容疑者の役になってロールプレイをし、次のようなやりとりをする。

警官役の生徒「○月×日、あなたは現場近くを車で通りかかりましたね？」

容疑者役の生徒「いいえ。通りかかってないですよ」

こんなふうに、警官役の生徒はなかなか容疑者役のしっぽを摑めない。警官役がいくら問いただしても、容疑者役にあっさり否定されてしまう。手詰まりになったところで、別の生徒が「もっといい手があります」と手を挙げる。新たに警官役を買って出たその生徒は、容疑者役の生徒にこう質問する。

警官役の生徒「あなたが現場近くを車で通りかかったのは、○月×日の何時頃でしたか？」

こう言うと、容疑者役は一瞬、ぐっと答えに詰まる。教官もこれを「良い手だ」と評価する。

これを見ていた言語学者がどれほどいるか分からないが、たぶん、見ていた人はこう思ったんじゃないだろうか。ああ、「前提」がこんなところにも使われているんだな、と。

言語学、とくに意味論における「前提（presupposition）」というのは、文の意味の分類の一つだ。言語学では文の意味を細かく分類しており、私たちが直感的に考えるところの文の意味、つまり文から直接かつ論理的に導き出される内容は「含意（entailment）」と「前提」に分けられる。これらがどう違うかというと、簡単に言えば、含意というのは「その文によって主張されている内容」で、前提というのは「その文を適切に発するために、事前に成り立っていなくてはならない内容」だ。ある意味、前者は「主役」、後者は「背景」のようなものである。

「容疑者が現場近くを車で通りかかったのは、○月×日の七時五〇分頃です」という文を例にとって、具体的に説明してみよう。この文において主張されている内容、つまり「含意」はそのまんま「容疑者が現場近くを車で通りかかったのは、○月×日の七時五〇分頃です」である。他方「前提」は、「～のは」より前の「容疑者が現場近くを車で通りかかった」という部分だ。この部分は、話し手がこの文を発するより前の文脈で、事実であることが明らかになっていなくてはならない。

前提には含意と違い、「文全体を否定したり疑問文にしたりしても、事実であることが揺るがない」という特徴がある。次を見ていただきたい。

（1）「容疑者が現場近くを車で通りかかったのは、○月×日の七時五〇分頃ではありません」

（2）「容疑者が現場近くを車で通りかかったのは、○月×日の七時五〇分頃ですか？」

（3）「容疑者が現場近くを車で通りかかったのは、○月×日の七時五〇分頃かもしれません」

これらは、「容疑者が現場近くを車で通りかかったのは、○月×日の七時五〇分頃です」を否定したり、疑問文にしたり、断定せずあやふやにしたりしたものだ。こんなふうに文を変えても、前提（傍線部）の「容疑者が現場近くを車で通りかかった」が事実であることは変わらない[i]。

勘のいい方はすでにお気づきだと思うが、「容疑者が現場近くを車で通りかかったのは〜」という文に伴う前提は、この文の構文、すなわち「ナントカなのはカントカだ」という表現の形式と関係がある。この構文は専門用語で「分裂文」と呼ばれ、これを使って何か言えば「ナントカ」の部分は前提になる。「あの鐘を鳴らすのはあなた」と言えば「（誰かが）あの鐘を鳴らす」のは事実だし、「私がモテないのはどう考えてもお前らが悪い」と言えば「私がモテない」のは事実だ、という具合だ。

この他にも、前提を伴う表現や構文は数多く存在する。たとえば、「なぜ」「いつ」などを含む疑問文がそうだ。これらの文では、「なぜナントカか」「いつナントカか」のナントカの部分が前提になる。つまり私たちが「なぜ悪いことをしてはいけないのですか？」「あなたはいつ、医者になろうと決心したのですか？」のように言うとき、それぞれ「悪いことをしてはいけない」「あなたは医者になろうと決心した」が事実であることを前提とした上で、「それはなぜ？」「それはいつ？」と訊ねているわけだ。

ここまでは純粋に言語学の話だが、問題は、前提の使われ方にある。前提には、危険な使われ方がいくつかある。そのうちの一つが、いわゆる誘導尋問だ。

誘導尋問をする側の目的は、「自分が事実だと思っていることを相手に認めさせる」というものだ。裁判なんかで検事が被告に「あなたは被害者に対して、最初から殺意をもって近づいたんじゃないですか？」などと聞くのは、最初から殺意を持っていたことを被告に認めさせたいからだし、かつて新日本プロレスの正体不明のマスクマンであったスーパー・ストロング・

マシンに対して藤波辰巳が「お前、平田だろ！」と言ったのも、彼に平田であることを白状させたかったからだ（たぶん）。ただし、こういった直球の質問は、被告なりマシン選手なりが「いいえ」とか「平田じゃねーよ」などと言えば済むので、あまり大したことはない。だが、ここに前提が入ってくると、かなり厄介になる。

前提を使った誘導尋問は、「相手に認めさせたいことを直接尋ねるのではなく、前提として引っ込める」という形をとる。さっき紹介した、キムタクのドラマで警官役の生徒が発した質問がまさにそれだ。警官役は容疑者役に「現場近くを車で通りかかったこと」を認めさせたいが、普通に「あなたは現場近くを車で通りかかりましたか？」と聞いても「いいえ」と否定されるだけだと分かっている。そこで、これを「ナントカなのはカントカですか？」という分裂文の形をした質問にし、相手に認めさせたい内容を「ナントカ」の部分——つまり前提を担う

i——このポイントがいまいちよく分からないという人は、（1）を「容疑者は○月×日の七時五○分頃に現場近くを車で通りかかってはいません」、（2）を「容疑者は○月×日の七時五○分頃に現場近くを車で通りかかりましたか？」、（3）を「容疑者は○月×日の七時五○分頃に現場近くを車で通りかかったかもしれない」と比べてみていただきたい。つまり前提を持たない文と比べてみるのだ。（1）–（3）と違って、これらの例では「容疑者が現場近くを車で通りかかった」ということの事実性そのものが揺らぐことがお分かりいただけると思う。

部分に詰め込むという方法を採っている。
　この手の質問に対して容疑者がまともに答えてはいけないのは当然だが、注意しなくてはならないのは、容疑者が「いいえ」と否定したり、「分かりません」とか「覚えていません」と答えたりしても、「現場近くを車で通りかかった」と認めたことになる、ということだ。

質問例：「あなたが現場近くを車で通りかかったのは、○月×日の七時五〇分頃ですか？」

- 「いいえ」と答えた場合：「私が現場近くを車で通りかかったのは、○月×日の七時五〇分頃ではありません」と言っているのと同じ　↓　「私が現場近くを車で通りかかった」（前提部分）を事実だと認めたことになる
- 「分かりません（／覚えていません）」と答えた場合：「私が現場近くを車で通りかかったのは、○月×日の七時五〇分頃かどうか分かりません（／覚えていません）」と言っているのと同じ　↓　「私が現場近くを車で通りかかった」（前提部分）を事実だと認めたことになる

なぜこうなるかというと、この質問が質問として成り立っていると認めた時点で、答える側は「現場近くを車で通りかかった」という前提を受け入れたことになるからだ。答える側としての正しい態度は、これが質問として成立していないと主張することだ。とはいえ、「おうおう、俺が現場近くを通りかかったなんて、勝手に決めつけてんじゃねえよ！」と言ってのけるのは、普通に質問に答えるよりも明らかに心理的なハードルが高い。他人に対してキレて見せたり、刑事相手にカツ丼を要求したりするのに慣れている人はいいが、気の弱い人や素直な人は、相手のペースに嵌まって不利な証言をさせられるかもしれない。

これを読んでおられる皆様の多くはきっと、「自分は自他ともに認める善良な市民なので、警

察のご厄介にはならないし、尋問されるような目にも遭わないから大丈夫」と高をくってお
られることと思う。しかし、前提が悪用される場面は、あからさまな誘導尋問だけとは限らな
い。

かなり昔のことだが、たまたま読んだナンパ術の本の中に、「二回目のデートを断られない
方法」というのがあった。

「キミは憧れの彼女との最初のデートを楽しんだ。キミは次のデートの約束を取り付けた
いが、彼女がOKしてくれるかどうか分からない。もしかすると、断られるかもしれない。
そんなときは、『また会ってくれる?』と尋ねるよりも、『今度いつ会う?』と言った方が
断られにくくなるゾ」

確かに、質問が「また会ってくれる?」の場合よりも、「今度いつ会う?」の方がやや断り
づらくなる。これは誘導尋問でこそないが、相手をコントロールしやすくするために前提が利
用されている例だ。先述のとおり、「いつ」を含む疑問文では「いつ」以外の部分が前提にな
るので、「今度いつ会う?」という文は「今度会う」という前提を持っている。つまり、「今度

会うこと」を自分と彼女との間での「決定事項」にしてしまうことで、ストレートに断られるのを防いでいるのだ。このように尋ねられたとき、普通に答えたら次会うことを承諾したことになるし、「うーん、どうしよう」とか「そうねぇ」のような曖昧なことを言っても、前提を受け入れたと思われかねない。

こういった前提の利用は、何もナンパ術に限ったことではなく、日常の何気ない会話や仕事のメールなんかにも潜んでいる可能性がある。仕事関係のパーティとかでちょっと話しただけの人から、とくに約束をした覚えもないのに「いつ御社に伺えばよろしいでしょうか？」といった連絡が来たら、「あれっ？　そんな約束したっけ？」と思うと同時に、なんとなく「来るな」とも言いづらくなる。

こういう場合、「相手の頭の中ではそういう予定になっているみたいだし、そう思わせたのにはこっちにも責任があるかもしれないから、会ってあげなきゃいけないだろうか」のように余計な気遣いをする人とか、「今さら否定するのも面倒くさいから、とりあえず相手に話を合わせよう」と思う人はいいカモになってしまうだろう。つまり、社会的な軋轢を面倒くさがったり怖がったりするあまり、相手に面と向かって何か言うよりも自分の時間とか労力とかを犠牲にした方がまだマシだと思ってしまうタイプの人は気をつけた方がいいと思う。私自身がそうなので間違いない。

この他、前提には、「ただの主張を前提として述べると周知の事実のように聞こえ、疑われにくくなる」という効果もある。

いつ頃からか、本屋に行くとビジネス本とかで「なぜ○○は××なのか」というタイトルを多く見かけるようになった。このようなタイトルの本が多いのは売れるからなのだろうが、それには「○○は××」という部分が前提であることが少なからず関係していると思う。この手のタイトルの「○○は××」の中には、事実でもなければ社会の共通認識でもなく、ただの著者の主張であるものも見受けられるが、それでも「なぜ〜か」という構文に埋め込んで「前提」として提示されると、あたかも多くの人に受け入れられている一般常識であるかのように見えてしまう[ii]。

たとえば私が世の人びとに「言語学は儲かる」と思わせたいと考え、その考えを広めるべく本の出版を計画しているとする。このとき、そのまんま「言語学は儲かる！」のような主張系のタイトルの本を出したら、一部の人は興味を持つだろうが、最初から眉唾だと思って見向きしない人も多いはずだ。しかしこれが「なぜ言語学は儲かるのか」だと、「言語学が儲かるって、常識なのか!?　知らなかった、ビッグウェーブに乗り遅れちまう」とか「きっと、この著者の川添って奴は言語学で儲けたんだな？　どんな手を使ったのか、いっちょ見てやるか」などと思って手に取ってしまう人が増えると思う。こんなときは鵜呑みにせずに、本当に言語学は儲かるのか、著者の川添は本当に儲かっているのかをよく調べてから買った方がいいだろう。

こんなふうに「前提」には、私たちの無意識というか、心のスキマにするりと入り込むような怖さがある。読者の皆様の周囲にも、言葉を巧みに使って他人を思い通りにしようとしている人がいるかもしれない。皆様にはぜひ、今回ご紹介した知識を使って身を守っていただきたい。そしてくれぐれも、悪用する側に回ることのないよう願っている。(iii)

---

ii —— 一応お断りしておくが、この手のタイトルの本全般をディスっているわけではない。中身がしっかりした本であれば何の問題もない。

iii —— 「じゃあ、お前はどうなんだ？　絶対に悪用しないのか？」と思われる読者もいるかもしれない。ここは「私は言語学を学んだ者としてプライドがあるからそんなことはやらない。プロレスラーや格闘家が街で素人相手に暴力を振るわないのと同じだ」と格好いいことを言いたいところだが、実際は「自分の身を守るので精一杯、むしろ守れているかどうかすら分からない」というのが正直なところだ。たとえ知識があったとしても、うまく使えるかどうかはまったく別の話だ。

10 チェコ語、始めました

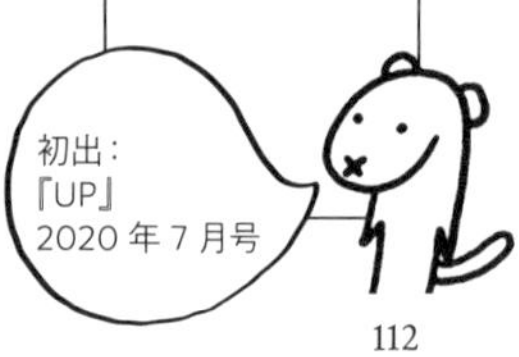

世の中コロナである。この原稿を書いている二〇二〇年五月現在は、緊急事態宣言まっただ中[1]。ほんの二ヶ月ぐらい前まで総理とか都知事とかが「オリンピックは予定どおり、完全な形で開催」などと言っていたのが、はるか昔のことのようだ。

私は感染が怖いので、三日に一回程度の買い物とランニングに出る以外は家に引きこもり、あまり人に会わないようにしている。もともと人にほとんど会わない業態なので、他人との接触を八割減らせと言われると、とにかく出かける頻度を減らすしかない。そうなると、家での過ごし方を充実させることをあれこれ考えることになる。そんな中、これを機会に新しいことを始めたという人も多かろう。実は私も、外出自粛を要請され始めた三月後半から新しいことを始めた。チェコ語の勉強である。

なぜチェコ語なのかというと、ここ半年ぐらい、自分の中で空前のチェコブームが起こっているからだ。長くなるので詳細は語らないが、昨年の秋に某チェコ展を見に行ったのがきっかけで、さまざまな経緯を経てとうとう「チェコ語を勉強せんといかん」ということになった。前にも書いたと思うが、私は別に外国語が得意ではない。言語学者といっても語学が堪能な人ばかりではないし、中でも私は「研究対象：現代日本語」という、世の人びとが言語学者に対して抱く幻想を正面から裏切る属性の持ち主である。しかも、外国語をまともに勉強するのは二十年ぶり数度目という、高校野球なら地元が熱狂しそうな頻度だ。

それでも勉強を始める前は、「自分は言語学をやっていたのだから、いざやり始めたらすぐ習得できるのではないか」という期待があった。というのも、言語学専攻の学生時代、それなりに多くの外国語に触れた経験があったからだ。学部時代はフランス語を頑張ったし、それ以外にも授業や勉強会で古代ギリシア語、ドイツ語、韓国語、満州語などを習った。フィールド

i――『UP』の原稿は、書いてから掲載されるまでにタイムラグがある。私はできるだけ新鮮な状態で原稿を読者の皆様にお送りしたいという一心で、締め切りギリギリまで担当編集者（T嬢）に渡さないこともあるのだが、時事問題なんかに触れていると掲載時にはやはり微妙にネタが古くなる。しかし今回のコロナに関しては、古びるのを通り越してカピカピのスカスカになっていることを願う。

言語学の授業では、ウイグル語、トルコ語、モンゴル語、ベトナム語の調査の実習もした。どれもほとんど忘れてしまったが、当時身につけた（はずの）何らかの能力は、私の召喚に応じて姿を現し、私を助けてくれるはず！という思いが心のどこかにあった。ましてやこちとら言語学者、つまり「言葉のプロ」である。ワイはプロや！ プロの言語学者や！と、秘技「旗つつみ」でホールインワンを狙うプロゴルファー猿の意気込みで勉強に臨んだわけである。

しかし、甘かった。チェコ語、激ムズである。あまりの難しさに、猿もゴルフをやめそうな勢いの自信喪失を経験している。

チェコ語を勉強したことのある方はご存じだろうが、とにかく覚えることが多い。そもそも名詞の形のバリエーションからして多すぎる。男性・女性・中性という三つのカテゴリの名詞が、それぞれ七つの格変化を起こす。往年のプロレスファンの皆様に分かりやすく言えば、イギリス遠征から帰ってきたばかりの前田日明が三人いて、それぞれが異なる「七色のスープレックス」を披露するようなものだ。昭和の映画ファンの皆様には、「七つの顔の男」多羅尾伴

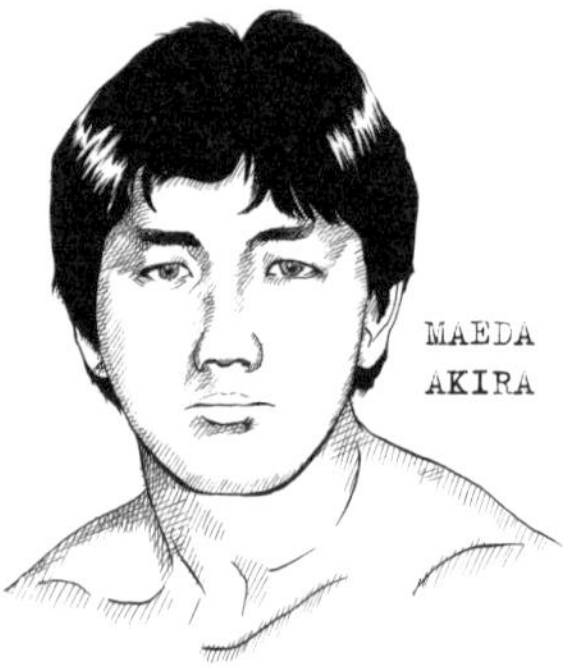

内が三種類いる感じだと思っていただけるといい。それ以外の方々にとって分かりやすいたとえはとくに思いつかないが、とにかく性が三パターンで格が七パターンということは、単純計算でも二一のパターンがあることになる。ただし、男性名詞は人間や動物など自ら動ける「活動体」を表すか、自ら動けない「不活動体」を表すかで語形が変わる場合があり、また中性名詞も語尾がoで終わるかíで終わるかによって語形が違ったりするので、実際のパターンはもっと多い。しかも単数名詞と複数

名詞では形が異なるので、バリエーションはさらに倍となる。形容詞や指示詞も同様に性・数・格で形が変わる。人称代名詞は同様の変化に加えて、長形、短形の区別があり、さらに前置詞の後に来るときにはまた別の形になる。そして、そんだけ苦労して覚えても、まだ文法としては「超初級」らしいのである。若い頃ならばともかく、四十代も半ばを過ぎた頭にはかなりキツいし、覚えてもすぐに忘れてしまう。たとえるならば、ザルで水をすくって別のザルに溜めようとしているかのような感覚だ。

こんなわけで、言語学者のプライドはズタボロになってしまったのだが、変な自負が消えた途端にむくむくと湧き上がってくる何かがあった。それは、言語学を学ぶよりもずっと前の、受験生だった頃の感覚である。もう三十年ほど前だが、あの頃は「とにかく覚えりゃいいんだろ！」と何でも暗記しまくっていた。そのせいでろくに思考力を養わないまま大人になってしまい、そのこと自体は長い間後悔していたのだが、今召喚すべきはまさに「あの頃の自分」なのではないか？　そうやって、完全に頭を切り換えた次第だ。

やっぱり単語帳

問題は、格変化や性数変化以前に、そもそも単語の原形が覚えられないことだ。チェコ語は自分が比較的よく知っている英語やフランス語とかなり系統が違うため、形から意味を予測できる単語が少ない。私のとりあえずの目標は「ある程度読めるようになること」なので、まずは単語をしこたま覚えなくては始まらない。

受験生モードに戻った私はまず、「語呂合わせづくり」をやってみた。中高生時代に語呂合わせに助けられなかった人などいないのではないだろうか？　私はかなり助けられた方で、「ラーメン食べる（lamentable）ほど『嘆かわしい』」のように、出来のいい語呂合わせは今でも覚えている。当時は自分で作った「オリジナル語呂合わせ」もあった。「ろくな人間（六七二年）おらん　壬申の乱」なんかは中学時代に友達にも広めた自信作だ。微妙に方言が混じっているのが、いかにも田舎の中学生という感じがする。

というわけで、チェコ語も語呂合わせでどうにか覚えられないか？と思い、作り始めてみた。こんな具合だ。

rozumět（理解する）→　理詰め（rozumět）で「理解する」
okno（窓）→　奥の（okno）「窓」
spí（眠る（spát）の三人称単数・複数形）→　スピ〜（spí）と「眠る」

実は、どう頑張ってもこれだけしか作れなかった。他にもいろいろ作りはしたのだが、無理にこじつけた語呂合わせはまったく覚えられず、役に立たないのである。受験期から三十年経って初めて気づいたのは、語呂合わせというのは音声的な近さだけでなく、ある程度「意味的な近さ」もなくてはならない、ということだ。先の成功例を見てみても、「理詰め」は「理解する」と意味的に近いし、「奥の」は位置関係を表す語だから「窓」と共起して違和感がない。「スピ〜」は寝息の擬音として自然だ。壬申の乱も、叔父（大海人皇子）と甥（大友皇子）が殺し合った事件だから、やっぱり「ろくな人間おらん」なのだ！　つまりこういう、ちょっとした奇跡的な組み合わせを見つけないと、優れた語呂合わせにはならないということだ。なんという奥の深さ！

じゃあ「ラーメン食べるほど嘆かわしい（lamentable）」はどうなんだ、「ラーメン」と「嘆かわしい」は関係ないだろ、ということになるが、これはたぶん、嘆かわしい顔でラーメンを食べるというシュールな絵面のインパクトが記憶に残りやすいのだと思う。また、2の平方根を覚えるための語呂合わせ「ひとよひとよにひとみごろ」とか、3の平方根「ひとなみにおごれや」なんかは、本来無意味であるはずの数の羅列がきれいにまとまった言葉に変換されるということに対する驚きが、記憶を助けるのではないだろうか。

そういった「語呂合わせの妙」に気づいてしみじみしたのはいいが、「単語を覚える」という目標は達成できていない。結局、語呂合わせを作るのはやめて、近所の文房具屋で単語帳を買った。中高の頃は単語帳をほとんど使ったことがなく、効果も半信半疑だったのだが、いざ使ってみるとかなり効果がある。カードに一個一個手書きするのは面倒だが、それだけでも頭に残るし、忘れても何度も繰り返してカードをめくっているうちに、少しずつ記憶に定着してくる。記憶力がいくらポンコツだろうと、数十回も繰り返して見れば「見ている間に答えが浮かんでくる」という、昔懐かしの睡眠学習機(ii)の広告みたいな効果が出てくる。睡眠学習機がおいくら万円だったかは知らないが、単語帳は一個一五〇円かそこらで同じ効果が得られるのだ。単語帳万歳！である。

室内ウォーキング学習

単語帳のおかげで語彙は増えてきたが、肝心の語形変化はなかなか覚えられない。とはいえ、

---

ii――筆者が子どもだった八〇年代に、学習雑誌の広告などに頻繁に掲載されていた「寝ている間に学習できる」という学習器具。「Dr．キャッポー」とかいう「集中力を測定する機械」と一緒に宣伝されているのが当時のお約束であった。効果のほどは不明。

単語帳に変化形を書いていくとすぐにカードを消費してしまう。ここはやっぱり、例文で覚えていくべきだろう。

そこで単語帳に例文を書く作戦に出たのだが、単語と違って長いせいか、いまいち頭に入っていかない。どうしたものかと悩む中、たまたま良い方法を見つけた。「歩きながら覚える」である。

今は外出自粛中なので、運動不足を予防するために家の中でかなり歩いている。なかなか歩数が伸びない日もあるが、毎日平均して四〇〇〇歩は室内で歩いていると思う。うちは広くないので、居間の端から台所の端まで十歩ぐらいの直線ルートを行ったり来たりしながら、ただ延々と歩くのである。

最初にこの室内ウォーキングを始めたときは、さすがに頭がおかしくなるかと思った。意味も無く同じ場所を行ったり来たりすることに対して「私は何をやっているんだ？」と自問した途端、心が折れそうになるのである。しかしあるとき、「一昔前のコンピュータRPGのNPC（ノンプレイヤーキャラクター）になったつもりで歩けばいいんだ」ということを悟り、それ以来ずいぶん、歩くのが楽になった。プレイヤーに話しかけられないかぎり、延々と決められた場所を歩き続ける仕様のやつだ（そして話しかけられたら、思い出したように「最近モンスターに畑を荒らされて困ってる」とか「盗賊にさらわれた妹を救出して欲しい」とか相談する)。

とはいえ、やっぱりただ歩くのは退屈なので、単語帳を見ながら歩いてみた。だが、これはダメだった。車酔いしたみたいに気持ち悪くなるし、室内とはいえ、きちんと前を見て歩かないと危ない。そこで、チェコ語の例文を繰り返し暗誦しながら歩くようにしたら、これがけっこういいのである。なんというか、普通に唱えても全然覚えられないのに、歩くリズムと一緒だと自然に頭に定着する。長すぎる例文は、せいぜい三、四語の短いフレーズに切って唱えるとちょうどいい。

今さら実感するのもどうかと思うが、やっぱり言語は「音」なのだ。そういえば、赤ちゃんはお母さんのお腹の中にいるときから、お母さんや周囲の人が話す言葉のリズムを、羊水を通して聞いているんだっけ。生まれる前からそうやって、母語のリズムを学んでいるのだ。それに、お笑い芸人のギャグも、リズムに乗りやすいやつが流行るではないか。「そんなの関係ねえ」だって、無名時代の小島よしおがクラブに営業に行って、DJの人に「なんか面白いことやれ」って無茶ぶりされて、何をやっても全然受けなくて、精神的に追い込まれた挙げ句「そんなの関係ねえ!」って叫んだら初めて大受けして、フロアのみんなでリズムに乗って「そんなの関係ねえ」の大合唱になったのがきっかけで生まれた、っていうじゃないか……[iii]。

そんなことを考えながら歩いていると、暗誦していたはずのチェコ語の例文がいつしか「そんなの関係ねえ」に変わっている。それがさらに「ラッスンゴレライ」に変わりかけたところで我に返り、再び例文を見直し、また気を取り直して歩き始める。そんなことを繰り返している。

ドラマを見る

単語帳と室内ウォーキング学習を駆使しながら勉強を進める中、つい数日前からまた新しいことを始めた。それは「チェコのドラマを見る」である。Ａｍａｚｏｎプライムでチェコ語のドラマがいくつか見られることを知り、さっそく見始めてみた。これは語学の勉強というよりも、勉強の合間のちょっとした娯楽のようなものだが、こういうのもモチベーションを保ち続けるには大切だと思っている。

見ているのは『静かなる逆襲（ＲＡＰＬ）』という刑事ドラマだ。刑事ドラマだったら「事件が起こる　↓　犯人探す　↓　犯人捕まえる」というフォーマットは全世界共通だろうから分かりやすいはず、と思って選んだ。実際に見てみると、丁寧な作りのドラマでとても面白い。難点といえば、たまに字幕が分かりづらいのと、なかなか登場人物の見分けがつかないことぐらいだ。なぜだか分からないが、主人公はじめ、スキンヘッドのおっさんがやたら多い。チェコってそういうとこなの？

今の自分のチェコ語力で言葉を聞き取れることはまったく期待していなかったが、第一話を見ていて二語だけ、聞き取れる単語があった。「誰（kdo）」と「知っている（znám）」である。他人からは「二語ぐらい聞き取れてもねえ」と笑われてしまいそうだが、それでもやっぱり、分かることが「ゼロ」から「二」になるのは嬉しいものだ。

言語学をやっていたメリット

勉強がそこそこ軌道に乗ってきた今、落ち着いて考えると、言語学をやっていたメリットはやっぱりある。私自身は、言語学と外国語学習は別物と考えているが、それでも役に立っている。

まず、発音についての説明が難なく分かるのが大きい。発音記号もおおよそ読める。これは、学生時代に音声学・音韻論を勉強していたおかげだ。言語音の発声のしくみと音変化のパター

iii――NHKラジオ「東京03の好きにさせるかッ！」で小島氏本人が語っていた。いい話だ。

ンが頭に入っているので、ちょっと込み入った説明でも「あー、はいはい」という感じで理解できる。私が受けた音声学の授業では、実際に発音できるかどうかを見るための面接試験があり、先生の前で「アイーン」みたいな顔をして発音するのが恥ずかしかったが、あれが今役に立っている。この文章を読んでいる学生さんは少ないだろうが、もし音声学・音韻論の授業を取れるのであれば、専門外の人でも取っておいた方がいいかもしれない。

あと、文法用語が分かるのも大きい。文法に関する説明を読んでも苦労しないし、とくに説明がない現象についても「たぶん、あの手の現象だな」と推測できる（もちろん推測が間違っている可能性はゼロではないが、間違っていたら修正するというのも言語学のスキルだ）。

私は非常に飽きっぽい性格なので、チェコ語の勉強もいつまで続くか分からないが、続いていたらまたいずれ進捗をご報告するかもしれない。もし読者の皆様の中にチェコ語におくわしい方がいらっしゃったら、「こういう勉強法がいいですよ」「この参考書がお勧めですよ」などご教示くださると嬉しい。もちろん、「俺が考えた、最強のチェコ語語呂合わせ集」を送ってくださってもＯＫだ。先が見えなくて不安な状況ではあるが、私自身も皆様方も、少しでも前向きにこの危機を乗り越えられることを願っている。

11

あたらしい娯楽を考える

初出：
『UP』
2020年10月号

このところ、バイブルのように読み込んでいる本がある。その名も『散歩の達人』、通称「さんたつ」の二〇二〇年六月号である。「なんだ、雑誌かよ」と侮るなかれ、一部では「神号」と呼ばれている有り難い書物なのだ。なぜそんなにもてはやされているかというと、特集が「ご近所さんぽを楽しむ15の方法」だからだ。現在二〇二〇年八月、一度は収束したかに見えた某アレがあれよあれよという間に勢いを盛り返し、したいことができない、行きたいところにも行けないアレな世の中が続いている。お上は経済を回すために「you も go to しちゃいなよ!」と目配せしてくるが、その一方で「都民はノー」「帰省はノー」という生殺し状態。そんな中、この号がいかに貴重であるかは説明するまでもないだろう。

同誌の中には、散歩のときに気軽に楽しめるさまざまな娯楽が紹介されている。とくに路上観察のたぐいは充実していて、鳥や野草などの自然観察はもちろんのこと、文字が判読不能になった看板すなわち「無言板」や、面白い形の木、電線、暗渠《あんきょ》(i)、旧町名、果ては「暗闇」など、観察の対象は幅広い。そんなものに興味を持つ人がいるの？と疑問に思いつつも、実際に記事を読んでみるとそれぞれの道の「達人」の視点と情熱が伝わってきて面白い。そして散歩に出ると、いつしか「無言板はいねがー、旧町名はいねがー」と、新たな獲物を狙うハンター（ナマハゲ風）が自分の中に育っているのに気がつく。

こういった路上観察の達人たちが教えてくれるのは、一見退屈でつまらない日常の中にも面白いものはたくさんあり、気の持ち方次第で楽しみを見つけられるということだ。相田みつを風に言えば、つまらないと思う私の心がつまらないのである。しかしながら、いろんな路上観察について読むと、どうもデジャヴ感というか、なんかこれに近いことを自分も長年やってこなかったか？という気がしてくる。そう、ありふれた日常の中で、ハンターの目で獲物を見つけるような「何か」を……。

それの正体が、つい最近分かった。「変な文探し」である。

これは文字どおり、変な文を探すという行為だ。思えば言語学の道に入ってから二十数年、ほぼ毎日というか、なんらかの言葉を聞いたり読んだりするたびに変な文を探している。

なぜそんなことをするかというと、研究に必要だからである。私がやっていた「日本語の文法および意味に関する理論的研究」では、日本語を母語とする人びとの頭の中にある「言葉に関する知識」を対象とする。つまり私たちが言葉を話したり理解したりすることを可能にしている知識とはどのようなものかを探るのである。とはいえ、人間の頭の中を直接覗き込むことはできないし、たとえ脳の動きを詳細に見ることができたにしても、「ふむふむ、日本語の知識はこうなっているのね〜」ということが分かるわけでもない。また、道行く人にマイクを向けて「すみません、あなたはなぜ言葉を話せるんですか？」と聞いたり、取調室に連れてきて「お前はなぜ言葉を理解できるんだ？　さあ吐け！」と脅したりしても得るものはほとんどない。なぜかというと、私たちが母語に関して持っている知識のほとんどは、無意識のものだからだ。

じゃあどうやって研究するのかというと、「人が母語に関して持っている直感」を手がかり

i――もともとこの号を買ったのは、「15の方法」の一つに数えられている暗渠の記事目当てであった。散歩好きの方にとっては常識だと思うが、暗渠というのは地下に埋められた河川のことで、路上観察の対象として人気があり、私も数年前から暗渠めぐりにハマっている。暗渠はおそらく皆さんのご近所にもあるので、興味のある方はまずこの『散歩の達人』の記事「暗渠さんぽで水のない水辺を歩く」を読み、さらにちくま文庫から出ている『はじめての暗渠散歩――水のない水辺をあるく』（本田創、高山英男、吉村生、三土たつお著、二〇一七年）に進まれることをお勧めする。

にするのである。つまり人がある文を聞いて「自然だ」とか「不自然だ」と思う事例から、その奥にある「言葉の知識（の仕組み）」を探るわけだ。とりわけ変な文だとかコミュニケーションの失敗例だとかは、言葉の知識と密接につながっていることが多い。つまり変な文は、ある種の言語学者にとってはまさに飯の種なのである。

ただし、言語学者が目をつける変な文は、専門外の人びとが考えるそれとは少し違う。「変な文」と聞いた人の多くが真っ先に思い浮かべるのは、おそらく「透明で緑色のアイデアが怒りながら眠っている」とか、「国境の長いトンネルを抜けると雪見だいふくだった」みたいな「意味が分からないシュールな文」ではないかと思う。ちなみにネットで見つけた「変な文生成サービス」的なものを試してみると、「江戸時代、川添は百均でモノマネをしながらバスケをした」という文が出てきたが、これも「変な文＝シュールな文」という解釈に基づいているのだと思う。

文法や意味を研究する人間にとって、そういう「シュールな世界を設定しさえすればおかしくない文」というのはあまり魅力的ではない。先の文だって、私が江戸時代にタイムスリップして百均ショップで徳川家康のモノマネをしながらバスケをすれば何の問題もない。そういう文よりも、どちらかというと「皆様を機内へのご案内は一四時三五分頃の予定です」のように

「言いたいことは明確なのに文法的に問題のある文」とか、あるいは「イライラを鎮めるために、違法な薬物に頼らないようにしましょう」のように「読み方によっては違う意味になってしまう文」が好みだ。こんな例を街で見かけたら「おっ！」と思う。

こういうのは一種の職業病と言った方が正確かもしれず、趣味とか楽しみとかいうわけではない。しかし、今回『散歩の達人』を読んで、ふと思った。これ、「娯楽」にできないだろうか、と。だって、変な木が楽しい観察の対象になるのだ。変な文の観察が娯楽にならない理由など、どこにもないはずだ。

しかし、いざ娯楽として成立するかを考えてみると、乗り越えるべきハードルがいくつかある。まず、どうやって「人を傷つけないようにするか」ということだ。変な木は勝手に生えているものなので「変だ」と言っても誰も傷つかないが、文というのは「誰かが言ったり書いたりしたもの」なので、変だと言えばその誰かが傷ついてしまう可能性がある。

また別のハードルとして、どうやって「楽しく鑑賞する視点」を導入するかという問題もある。変な文というのは円滑なコミュニケーションにとっては妨げとなるので、人を多少なりともイラッとさせてしまう。しかしそういう文を見て「誤用だ誤用だ！」と闘っ引き的にマウントを取りに行くのではなく、あくまでポジティブに「愛でる」にはどうしたらいいのだろうか。

そこで考えたのが、「個人がするうっかりミスや言い間違いを対象にしないこと」、そして「広告や商品のパッケージに載っているキャッチコピーや説明文など、公の場に書かれているものを対象にする」というルールだ。もちろんコピーや説明文にも「作った人」はいるが、それらは一般の人びとの目に触れる前に何人もの目によるチェックを受けて生き残ってきた「猛者」だ。つまりそれはリングに上るプロレスラーと同じと考えていいはずなので、多少「変なところがある」と指摘しても「受ける」覚悟があるのではないだろうか（ただし、その考え方で行くならこちらもレスラー同様の覚悟を持つ必要がある）。

また、「人目に触れることを前提に作られている文」を対象にすることで、「ポジティブに愛でる」という点もクリアできそうだ。なぜなら、変な文に対して作り手たちがＧｏサインを出したということはすなわち、（１）少々変だということは承知の上で、確信犯的に「これで行く」と決めているか、（２）変だという感覚があまりない（つまり、よほど注意深く見ないと分からないレベルで変）かのどちらかだからだ。いずれにしても、変な文の「変さ」は明確なものではなく、グレーゾーンにあることになる。あからさまな間違いを取り上げると、どう頑張って愛でても「ケチをつけている」と受け取られる可能性が残るが、グレーゾーンにあるものはそうではない。また、言語学的にもグレーゾーンにあるものの方が面白い気がする。

こんなことをあれこれ考えているうちに少しずつ、「変な文探し」を娯楽として成立させるための「心得」が見えてきた。ここまで来れば、あとはこちらの力量次第だ。試しに、私が気に入っている「街で見かけた変な文」をいくつか紹介してみよう。一応それぞれに、どれほど珍しいかを示す「レア度」をつけてみるが、これは主観的な指標であって大した根拠はない。

「カワイイはつくれる！」（花王）

レア度：★

これはもうおなじみすぎて「どこが変なの？」と思われるかもしれない。ポイントは、主語の「カワイイ」が名詞ではなく形容詞だ、というところにある。

通常、「は」や「が」がついて主語になったり、「を」がついて目的語になったりするのは名詞だと決まっている。たとえばキャッチコピーでも何でもない普通の会話の中で、「こないだ推しの○○たんの握手会に行ったんだけど、あまりのカワイイに驚いたよ」

カワイイは作れるんだ
多分 そっちじゃないぞ…

と言うのはかなり不自然だ（「あまりのカワイさに驚いた」とするのが自然）。

「カワイイは作れる」も、もしそういう「決まり」に従うならば「カワイさは作れる」とかになるわけだが、そんなんだと面白くもなんともない。このコピーはあえて「カワイイ」という形容詞を名詞的に使ってインパクトを出すことを意図しており、しかもこれだけ流行ったのだから十分な成功例と言えるだろう。ただし、コピーが有名な一方で、もともと何のコピーだったかあまり知られていない気がする。数年前に梅沢富美男が「カワイイは作れる」とツィートしていて超バズっていたので、人によってはこれが元ネタだと思っているかもしれないが、実は「エッセンシャル」（シャンプー）のキャッチコピーだ。

この手の「名詞でないものを名詞的に使う」という

手法は定番で、「あなたの頑張るを応援」とか「おいしいを届けたい」などといった例がそこら辺にごろごろしているので、レア度は低い。

「遠い国の女の子の、私は親になりました」（プラン・インターナショナル）

レア度：★★★★

よく知られているように、日本語は語順が比較的自由な言語だ。しかし「無制限に自由」というわけではない。日本語の語順について言語学者が見いだした法則性の中に、「名詞句の一部を抜き出すのは良くないっぽい」というものがある。名詞句というのは、「駅前の新しいデパート」のように名詞の前に修飾語がついたものや、「俺とお前と大五郎」のように名詞が「と」でつながれたものなどのことだ。通常、そういうものの中から一部を抜き出すと、文全体としてはかなり不自然になる。

私は［駅前の新しいデパート］に行ってみた。

↓ 駅前の、私は［新しいデパート］に行ってみた。

とはいえ、この手の文の不自然さを「文法的におかしい」と言い切るのはなかなか難しい。実際、次の例のように抜き出す部分を長くしたり、抜き出す部分が担う情報の重要度を上げたりすると、不自然さはかなり軽減する。

私は［人生に迷っている人の力］になりたい。
↓ 人生に迷っている人の、私は［力］になりたい。

「遠い国の女の子の、私は親になりました」も、名詞句の一部を抜き出したものだが、上記の理由でそれほど不自然さを感じさせない。しかも「遠い国の女の子」という主題を強調する効果においては、明らかに「私は遠い国の女の子の親になりました」という普通の文よりも優れている。こういった、語順の面で外角低めギリギリを狙うコピーはあまり見ないので、それなりにレア度も高い気がする。

「パンにおいしい」（よつ葉バター）
レア度：★★★★

これも、ぱっと見てどこが変なのか分からない人がほとんどではないだろうか。実は私も完全にスルーしていた。これが面白い例だと気づいたのは、知り合いの言語学者に指摘されたからである。

私自身、当初はこれを「地球に優しい」とか「体においしい」などと同類のフレーズだと思っていた。しかし「地球に優しい」は、「その商品が地球に対して及ぼす作用が優しい」である。これに対し「パンにおいしい」は「その商品がパンに対して及ぼす作用がおいしい」というわけではない。また、「体においしい」は「体にとって（つまり体という視点から見て）おいしい」だが、「パンにおいしい」は「パンにとって（パンの視点から見て）おいしい」わけではない。

このフレーズが言わんとしているのは「この商品をパンにつけて（つまりパンと一緒に）食べるとおいしい」ということだ。しかし、こういう「○○につけて（○○と一緒に）食べるとおいしい」を「○○においしい」と言い切る用法はアリなの？というのがここでの疑問だ。そこで、他に同様の例がないか探してみたら、以下のようなものが見つかった。

ご飯においしい佃煮

ビールにおいしいおすすめレシピ
ヨーグルトにおいしいはちみつ

探し方が悪いのかもしれないが、まだこれだけしか見つかっていない。面白いのは、どれも「○○においしいナントカ」というふうに、「ナントカ」という名詞を修飾しているという点だ。「ナントカは○○においしい」のように文の形で出てきている例は、私が見た限りではゼロだった。仕方がないので、自分で「このバターはパンにおいしい」とか「この佃煮はご飯においしい」などといった例を作って検討してみた。私個人は微妙に違和感を覚えるが、毎日眺めていたら何も感じなくなりそうな気もする。

しかしながら、「おいしい」以外の言葉、たとえば「うまい」とか「まずい」で例を作ってみるとなかなか厳しい。つまり「パンにつけて食べるとうまい」を「パンにうまい」、「パンにつけて食べるとまずい」を「パンにまずい」と表現するのはかなり変な感じがする。「パンにおいしい」型のフレーズがあくまでキャッチコピーの枠内に留まるのか、それともより広く使われるようになるのか、注目していたら楽しいかもしれない。

「海老名市最高層を、住む」（小田急不動産）

レア度：★★★★

これは海老名にあるタワマンのキャッチコピーで、個人的にはダントツで気に入っている例だ。「住む」という動詞は普通、「どこどこに住む」のように助詞「に」を伴う名詞と共起するので、このコピーも普通に考えれば「海老名市最高層に、住む」となるのだが、ここではあえて助詞「を」を使っているのがポイントだ。

このような、本来使われるべき助詞とは違うものを使うという「外し方」は、キャッチコピーではたまに見られる。よってレア度はそれほど高くはないのだが、この「海老名市最高層を、住む」には妙な迫力が感じられる。「に」を「を」に変えただけでなぜこんな効果が出るのか、考えてみれば不思議だ。

知り合いの言語学者に意見を聞いてみたところ、「に」を「を」に変えたことによって、「海老名市最高層」が「定住する場所」という静的なものから、「人生の通過点の一つ」のような動的なものに変わったのではないか、という仮説を出してきた。その根拠は、「行く」という動詞からの類推らしい。「行く」には「どこどこに行く」と「どこどこを行く」の二通りがあり、前者の場合は「薬局に行く」「東京に行く」のように終着点を表すが、後者の場合は「街道を行く」「道なき道を行く」のように経路を表す。「どこどこを住む」の「どこどこを」も後者と同じく「経路」を表し、それに伴って「住む」という動詞の意味も「一ヶ所に落ち着くこと」ではなく、あたかも移動に似たダイナミックなものになっているのではないか……と、その人は深っぽく語った。

私自身はこの説になるほどと思いつつも、何か別の捉え方も可能であるような気がしている。いずれにしても、言語学者が熱く語りたくなるというのは良い例である証拠だろう。

以上、「変な文探し」を娯楽にしようと頑張ってみたが、いかがだっただろうか。もしかしたら楽しいのは自分だけなのではないかという気もするが、皆さんも気が向いたら試してみていただきたい。

12 ニセ英語の世界

二〇二〇年の感染症流行は各方面に影響をもたらしたが、言葉への影響も大きかった。中でもいろいろ大変だったのは、やはり混乱の原因たるウイルスと同じ名前を持った会社さんや商品だろう。コロナビールに関しては、風評被害で売り上げが下がったと言われる一方で、実際は別に下がってなくて「風評被害で売り上げが下がった」と言うこと自体が風評被害だとも言われていてよく分からないが、いずれにしてもアレと名前が同じということで若干面倒なことになったのは確かなようだ。人間というのは単純で、近代言語学の祖であるソシュールさんが口を酸っぱくして「能記と所記[i]の間は恣意的で、特別な関係はナッシング」と言っても、名前

i ―― 「能記（signifiant）」と「所記（signifié）」はソシュールによって導入された概念で、「能記」は「表すもの」すなわち音声や文字、「所記」は「表されているもの」すなわち意味内容を指す。

が同じだと無意識にリンクを張ってしまうものだ。私自身、もし「峰不二子」という名前だったら相当生きづらかっただろうと思う。

コロナ禍から生まれた新語も多かった。「三密」とか「新しい生活様式」などはその代表格だが、英語系の言葉も多い。私は「ソーシャルディスタンス」と聞くたびに、THE ALFEEの『星空のディスタンス』が脳内再生されて激しい風が心に舞うのだが、中には「ソーシャル」の方に「距離を取る」という意味をくっつける人も出てきていると聞く。「ウルトラマン」「スーパーマン」の影響で「マン」の方に「超人」の意味合いが移ったのと同じ現象なのだろうか。

英語系の新語には、英語としておかしいと批判されるものもある。「ソーシャルディスタンス」にしても、英語ではsocial distanceとは言わず、social distancingのように-ingをつけるのが普通らしい。また、政府の経済グルグル作戦の一環である「Ｇｏ Ｔｏ トラベル」と「Ｇｏ Ｔｏ Ｅａｔ」は英語的にかなり変で、英語にくわしい人びとの神経を逆撫でしているようだ。確かに、いくら「これは日本語の枠内での造語」と分かっていても、人がゴートゥートラベルゴートゥートラベル言うのを聞き続けているうちに慣れっこになってしまい、いざ英語で

話すときに「ヘイ、レッツゴートゥートラベル！」とか言ってしまいそうな怖さはある。

ただし個人的に残念なのは、Ｇｏ ＴｏトラベルにしろＧｏ Ｔｏ Ｅａｔにしろ、ニセ英語的なインパクトがイマイチなことだ。なんというか、ニセ英語界では最弱という感じがする。どうせ英語にくわしい人びとに文句を言われるんだったら、もうちょっと弾けてもいいんじゃないだろうか。長嶋茂雄の「メークドラマ（ドラマを作る＝大逆転劇）」とか「ミートグッバイ（肉離れ）」ほどの高みを目指すのは無理かもしれないが、ニセ英語にはニセ英語なりの良さがいろいろあると思うのだ。というわけで、今回は個人的に好きなニセ英語を眺めていきたい。

キャラクターを演出するニセ英語

ニセ英語が必ずしも「分かりやすさ」とか「コミュニケーションのしやすさ」を目的にしていないのは言うまでもないだろう。コミュニケーションを円滑にするために二言語以上の単語を混ぜて話す現象は、それらの言語に通じた者同士の会話に見られる。しかし、日本語話者が主に日本語話者を相手にしたコミュニケーションの場で、わざわざ耳慣れない、しかも厳密には正しくない英語的な表現をねじ込むことについては、分かりやすさとは別の狙いがあるはずだ。

その一つは当然、「話し手のキャラクターを際立たせること」だろう。英語的表現がキャラ付けに使われるのはよくあることで、ルー大柴や『おそ松くん』のイヤミを例に挙げるまでもない。ある意味、大阪大学の金水敏先生のいう「役割語」[ii]の一種と見なせるかもしれない。

ただし、役割語の多くが日常生活では話す人もいないヴァーチャルなものであるのに対し、「キャラを際立たせる英語的表現」は普段の生活でも割と見られるように思う。たとえば、英語的表現を混ぜることで「グローバルな業界にいる人っぽさ」を出す例がそれだ。ファッション誌に「秋冬のコーデにはトレンドのレザーアイテムがマスト」とかいう文が並んだり、イノベイティブなビジネスパーソンがドラスティックなソリューションをクリエイトしてクライアントのベネフィットにコミットしたりするのも、「そういう業界にいる、そういう人としてのキャラクター」を演出したいという面があると思う。ある意味、「ステイホーム週間」「東京アラート」「ウィズコロナ」なんかも、例の都知事の人の「キャラ演出」と見なせる気がする。

キャラを演出するニセ英語の中で、個人的に大好きなのは「虫のインフォメーション（=虫の知らせ）」だ。これはルー大柴氏の「ルー語」の一つで、氏が得意とする「日本のことわざや慣用句の一部を英語にして面白さを出す」パターンの一つだ。このパターンの名作としては、他にも「藪からスティック（=藪から棒）」などがある。意味的には、「知らせ」はインフォメ

ーション、「棒」はスティックでだいたい合ってるはずなのに、そこを変えると妙に可笑しい。英語に言い換えることで、もとの「知らせ」や「棒」にベッタリ張りついた日本的な湿っぽさが一気に払拭されて、糸の切れた凧のような浮遊感が生まれている。なんというか、懐石料理の締めくくりにビッグマックが出るかのような、盆踊りの会場にサンバチームがなだれ込むかのような、恐山のイタコにジミ・ヘンドリックスの霊を呼び出してもらうか[iii]のようなタガの外れ具合だ。

ルー語に近い言葉を話すキャラクターに、霧隠サブローの漫画『魔装番長バンガイスト』[iv]のカーネル・レイスがいる。このキャラは主人公たちの敵の幹部でグリーンベレー的な存在なのだが、米軍かぶれなのか、英語混じりの言葉を話す。彼の言い回しの中でとくに面白いのは、文の末尾に来る言葉を英語に変え、そのまま文を終えている例だ。たとえば「調子にドントライド（乗るな）」（42話）、「何だテメエ　ドゥー？（やんのか？）」

「部下の分際でその口のきき方はホワット（何だ）…」（いずれも45話）、「フン…何とでもセイ（言え）」（46話）などがある。一般に、名詞や形容詞や動詞の語幹をいくら英語に変えても、文の終わりが「〜だ」とか「〜した」とか「〜です」で終わるならけっこう日本語っぽく聞こえるものだが、文をあえてニセ英語で終えるとかなり日本語から逸脱した感じになるし、同時に英語としての「ありえなさ」も出ていて面白い。

ちなみにネットで長嶋茂雄氏の語録を漁っていたら、「失敗は成功のマザー」というルー的な表現があった。メークドラマとかに比べてあんまりミスターっぽくないなと思っていたら、どうやらこれは記者のねつ造で、ミスターの元発言は普通に「失敗は成功の母」だったらしい。ニセ英語にも、発した人の個性が強くにじみ出るものだと実感した。

訳すか、訳さざるか問題

この話題に関連して、私が昔から気になっているのが、外国の映画のタイトルを日本語に訳すべきかどうかという問題である。

例外が山ほどあるのは承知の上で言うが、おおよそ「アクション系はカタカナ」「ヒューマンドラマ系は日本語」という傾向が見られるように思う。カタカナ英語タイトルはグローバル感や非日常感が出せるかわりに何を意味しているのか分かりづらく、日本語タイトルは分かりやすいかわりに日本語ならではの生活臭や「もっさり感」が出てしまう。そのあたりのトレードオフを考慮すると、たとえタイトルはわけワカメでも、ズガーン！ ドカーン！を見て楽しむアクション映画はカタカナ英語にし、物語の舞台だとか、キーとなる感情の機微が日常的な

ii——「〜なのじゃ」という博士言葉、「〜ですわよ」というお嬢様言葉など、特定のキャラクターと結びついた言葉のこと。くわしくは、金水敏（二〇〇三）『ヴァーチャル日本語 役割語の謎』（岩波書店）などを参照のこと。

iii——三年ほど前、ニッポン放送「大槻ケンヂのオールナイトニッポンプレミアム」で人間椅子のギタリスト・和嶋慎治氏が披露していた実話。イタコのおばさんにジミヘンを呼んでもらうと「ジミ・ヘンドリックスだー」と南部弁で答え、「ミュージシャンとしてうまくやっていくにはどうすればいいのか」と質問したら「体に気をつけてー、仲間と仲良くー」とこれまた南部弁で答えてくれたという。オーケンは「うん、ミュージシャンがうまくやっていくにはそれしかないよね」とうなずいていた。

iv——『魔装番長バンガイスト』は、エッジの効いた漫画ばかりを集めたサイト「リイドカフェ」(http://leedcafe.com/) で連載されており、二〇二〇年一一月現在はエピソードの多くを無料で読むことができる。独特のギャグセンス、次々に現れるヘンテコな怪人、男臭い友情がごった煮になったような内容だが、破天荒と見せかけて絵は見やすく、ストーリーテリングも秀逸だ。子どもの頃に『キン肉マン』とか好きだった人にはたまらないのではないだろうか。

ヒューマンドラマは日本語、とするのが自然である気がする。中には『フォレスト・ガンプ／一期一会』とか『愛人　ラマン』のような「並列型」もあるが、これらは「ヒューマンドラマ系で、なおかつタイトルを完全に日本語にしてしまえない事情があるときの苦肉の策」なのではないかと睨んでいる。ただしホラー系はよく分からず、『ナイト・オブ・ザ・リビングデッド』よりも『死霊のはらわた』とか『死霊の盆踊り』の方がヒューマンみが強いかと言われると自信がない。

よく知られているように、カタカナタイトルが原題に忠実だとは限らない。つまり、原題そのまんまと見せかけて実は違う「ニセ英語タイトル」だったりするのだ。個人的にビックリしたのは、シルベスター・スタローン主演『ランボー』の原題が『First Blood（最初の血）』だったということだ。全然違うやないかい、と思うと同時に、そりゃ『ランボー』の方がええわ、と納得した。また、ジャッキー・チェン主演のアクション映画で、マーシャル・アーツの星ことベニー・ユキーデが敵役で出ていることであまりにも有名な『スパルタンX』は、原題が『快餐車』であり、日本語で言えば「キッチンカー」ぐらいの意味らしい。つまり原題にはスパルタン要素もX要素も皆無[v]なわけだが、これの前にヒットしたジャッキーの映画が『プロジェクトA』だということを考慮に入れると、前作のヒットに乗じて「カタカナ英語＋アルファベット一文字」というフォーマットのタイトルにしたと考えるのが自然だ。実際、その後の『サイクロンZ』も同じフォーマットを引き継いだドリンク剤っぽい名前になっている。

こういった、原題の形や意味を一切留めない「スクラップ・アンド・ビルド型」の邦題も多いが、原題の名残はあるものの、テイストをかなり変えた「勝手に改造型」もある。サンドラ・ブロック主演の宇宙空間無重力サバイバル映画『ゼロ・グラビティ』のように、原題の『Gravity（重力）』にゼロを付けて正反対の意味にしてしまった邦題はその一例だ。また、映画ではないが、メタリカのアルバム『Master of Puppets（人形使い）』の邦題が『メタル・マスター』になり、『... And Justice for All（そしてすべてに正義を）』の邦題が『メタル・ジャスティス』になっているのも「勝手に改造型」だが、「メタリカなんだからとにかくメタル付けとけ」という強引さはむしろ「魔改造型」と呼んだ方がいいかもしれない。

もちろん、原題に忠実ならばいいというわけではない。ハリソン・フォード主演のサスペンス『ホワット・ライズ・ビニース（原題：What Lies Beneath）』なんかは「もうちょっと考えよ

v——とはいえ、後にこの映画の同名の主題歌が名レスラー・三沢光晴の入場曲になったことを思うと感慨深い。

うや」と言いたくなるし、カート・ラッセル主演のアクション『エグゼクティブ・デシジョン（原題：Executive Decision）』は、いかにも主人公っぽく登場したセガールがすぐ死ぬ以外はとても面白い映画なので、ぼんやりしたタイトルでかなり損していると思う。

ちなみに、もしニセ英語邦題のオールタイムベストを募集したら、ダントツで『マッドマックス』シリーズ四作目のサブタイトル「怒りのデス・ロード」が選ばれると思う。原題は『Mad Max: Fury Road』であり、「Fury Road」を直訳すれば「怒りの道」だが、そこに「デス」をぶっ込むセンスがシビれるのだ。まさに「ニセ英語界の横綱」と言っていいだろう。

とんでもない変種

話のついでに、『天才バカボン』に出てきたニセ英語の変わり種を紹介しておきたい。週刊少年マガジン一九六八年七月一四日第二九号に掲載された「TENSAI BAKABON」という回だ。

冒頭、バカ田大学の英語の先生がバカボンのパパを訪ねてくる。なんでも、明日アメリカに行かなければならないのに英語を忘れてしまったという。そこでパパが「それなら英語を作ればいい」という提案をし、二人で勝手に英語を作り始める。手始めにテレビを「イロイロウツ

©赤塚不二夫

赤塚不二夫『赤塚不二夫名作選② 天才バカボン』(小学館文庫、2005 年)、p. 111 より

ール」と命名し、こんな調子で次々に英語を作っていく。扇風機は「クルクルピュー」、蚊帳は「ツルト カ コマール」といった具合だ。

お察しのとおり、「英語」とは名ばかりで、物体を日本語で記述しているにすぎない。しかも、英語を作り続けるうちにだんだんと怪しいものも出始める。たとえば鏡に対しては、映る人が笑えば鏡の中の像も笑うということで「ワラエバワラーウ」にするか、それとも「オコレバオコール」にするかで論争になる。時計に対しては「デンワデナーイ」、電話に対しては「トケイデナーイ」、スイカに対しては「ドッヂボールデナーイ」という、なんともいい加減な命名になる。しかし、これを読んでいるうちに「名前とは記述の束である」という哲学者ジョン・サールの説をめぐる論争なんかが思い起こされて、ちょっとゾクッとする。昔から、赤塚漫画を読んでいてたまに「ちょっと怖いな」と思うときがあるのだが、極限まで振り切ったギャグが何かの深淵に触れているからなのかもしれない。

バカボンの自作英語にしろ他のものにしろ、日本になぜこれほど多くのニセ英語があるのか、考えてみれば不思議な話だ。これらを日本人の英語コンプレックスの発露として片付けるのは簡単だが、日本語の歌の中になぜ英語の歌詞が出てくるのかとか、マンションの名前にありがちな怪しい英語はどうやって作られているのかとか、一筋縄ではいかなさそうなテーマもある。私はこういうのの専門家ではないが、掘り下げてみたら面白そうだ。

13 ドラゴンという名の現象《フェノメノン》

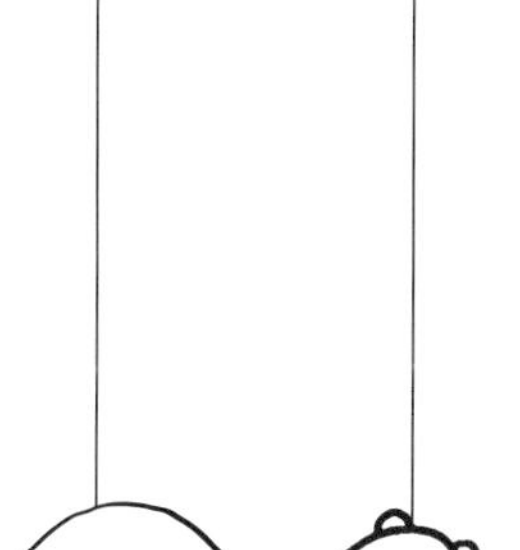

最初の本を出版してから今年で八年になるが、八年間で嬉しかった出来事の一つに、書店さんで本の発売イベントをたびたび開催していただけたことがある。中でも、神保町の書泉グランデさんには三回もイベントを開催していただいた。書泉グランデと言えば、言わずと知れた「プロレス書籍の聖地」である。ちなみにグランデさんは数学書、アイドル書、鉄道書その他の聖地でもあって、私の本は「数学枠」なのだが、それでも名だたるレスラーの方々が出演されてきた場所で三回もイベントができたのはファン冥利に尽きる出来事であった。

そのイベントの何回目かに、参加者の方から「好きなプロレス技は何ですか？」という質問をいただき、私は「真霜拳號選手の無道」と答えた。[i] 知らない人はぜひ動画を検索して欲しいが、とにかくこれをかけられた相手の逃げられなさ具合が半端なく、まさに「逃げ道がない＝無道」なのだ。技の入り方のバリエーションとして真霜選手が相手に飛びつく形もあり、それがまた非常に美しく、見るたびに脳内に変な汁が出る。

また、イベントでは言いそびれたのだが、本田多聞選手の「回転地獄五輪」も大好きな技だ。これも動画で見て欲しいが、グラウンドでほぼ完璧に相手を固めたのち、必死で返してきた相手をさらに回転して固めるというもので、相手にとっては無限地獄が続く。しかも本田選手はレスリングでオリンピックに三回出場し、「アマレスの神様」と言われた人なので[ii]、まさに「回転」で「地獄」で「五輪」なのである。ちなみに私が好きな技は正確には「回転地獄五輪パート1」であり、技のバージョンはパート0からパート11まであり、さらにパート01、パート4改、回転地獄五輪スペシャルというのもあるらしい。まさにプロレス界の『ロード』と言えよう。

他にも好きな技はたくさんあるのだが、どうも「必殺度が高く、見た目がカッコよく、なおかつ動きと名前の一致度が高い技」が自分の好みであるようだ。しかも、無道にしろ回転地獄五輪にしろ、オリジナリティが高くて非常にカッコいい名前である。しかし、プロレス技の名前が昔からこうだったかというと、どうもそうではなさそうだ。

私は語彙研究の専門家ではないため、特定のジャンルの語彙の変遷を系統立てて調べるスキルはない。それでも力道山の試合なんかを見ていると、実況の人が口に出す技名がかなりシンプルであることは分かる。しかも、首投げやリストロックや河津掛けなど、アマレスや柔術や相撲と共通する技名が使われている印象だ。その時代の試合をたくさん見ているわけではないので何とも言えないが、当時はやはり、アマレスなどの基本技をベースに試合を組み立て、その上で空手チョップといった「その人ならでは」の必殺技につなげていくスタイルだったのだろう。実際、力道山が満を持して空手チョップを出したときの盛り上がりというか、スペシャル感は半端ないものがある。

力道山と言えば「空手チョップ」で、その他の必殺技はあまりなかったらしい。それに比べれば、力道山の弟子のジャイアント馬場、アントニオ猪木の時代になると「この人と言えばこ

i――真霜選手は千葉のプロレス団体2AWのリビングレジェンド的な存在で、現代に蘇ったサムライのような風貌、合気拳法をベースにした容赦のない技に加え、どこか貴婦人のような気品と「たびたび変なレスラーに絡まれ、おかしなことに巻き込まれる」という面も持ち合わせた稀有な人だ。こんなキャラクターをフィクションに登場させたら「属性盛りすぎでリアリティがない」と言われると思う。

ii――本田選手はプロレスリング・ノアで小橋建太選手のパートナーとして活躍し、二〇〇九年からはフリー。「赤鬼」とあだ名される野生的で怖い見た目と、解説などで見せる言動の丁寧さと腰の低さ（一人称は「私」！）とのギャップに萌えた人間は多いはずだ。サッカーの本田圭佑選手の親戚でもある。

の技」と言えるような技が増える。馬場で言えば十六文キックやランニングネックブリーカードロップやココナッツクラッシュ、猪木で言えば卍固めや延髄斬り、コブラツイストなどだ。力道山の時代に比べると、技名のキラキラ感もマシマシである。こうやって時代を下りながらプロレス技の名前をなんとなく眺めていたら、とある時点で「あれっ?」と気づいたことがあった。

普段プロレスを見ず、プロレスのことをほとんど知らないという人でも、中年以上の方なら藤波辰爾選手の名前は聞いたことがあるだろう。藤波選手は猪木の一番弟子とも言える存在で、それまでヘビー級の選手たちがひしめいていた日本のプロレス界にジュニアヘビー級を定着させ、師匠の猪木や長州力、前田日明など錚々たる選手たちを相手に、歴史に残る名勝負を繰り広げたレジェンド・レスラーだ。レスラーとしての活動以外にも、新日本プロレスの社長を務め、さらにはシングル曲『マッチョ・ドラゴン』でレコードデビューまでしている。

新日史上一番優しい主人公《レスラー》
波の呼吸……
ズボッ
?
何だろう

藤波さんの逸話は山ほどあるので、興味のある方は各自調べていただくとして、ここで注目したいのは彼の必殺技の名前である。プロレスファンには常識だが、藤波選手のニックネームは「ドラゴン」で、彼の技の名前の多くには「ドラゴン」が付く。有名なところでは、背後から羽交い締めにした相手を後方に投げて固めるドラゴンスープレックス、相手のミドルキックを受け止め、蹴り足を軸にして回転するドラゴンスクリュー、リング外に出た相手に対し、リング上からロープの間をかいくぐって飛びかかるドラゴンロケットがあるし、他にもドラゴンスリーパー、ドラゴンバックブリーカー、ドラゴンローリングなどがある。つまり、藤波選手の技には、なんだか当たり前のように「ドラゴン」が付くのだ。

「技に使い手の名前が付くのは当たり前じゃない

の？」と思われるだろう。実際、そのような現象はフィギュアスケートや体操など、スポーツの世界では普通に見られる。荒川静香選手の得意技「イナバウワー」も、もともとイナ・バウワー選手が使っていたからそういう名前になっているそうだ。最近知ったのだが、スケートを見ているとたまに耳に入ってくる「ルッツ」とか「サルコウ」とかも、それらを初めて使った選手の名前から来ているらしい。架空のヒーローの技だと「ライダーキック」や「デビルカッター」などがあるし、また大橋巨泉の番組に「巨泉の」が付いたりするのも同様の現象だろう。

よって、「ドラゴン」の件もこれまで普通のこととして受け止めてきたのだが、藤波さんよりも上の世代の力道山やアントニオ猪木、ジャイアント馬場の技名を見てみると、そのビッグネームぶりに反して、使い手の名の入った技名が意外に少ないのである。力道山については、私が調べた限りでは使い手の名を冠した技は見つからなかった。[iii] 猪木については、得意技の卍固めが別名「アントニオ・スペシャル」と呼ばれることもあるが、有名どころだとそれぐらいである。馬場に関しては「ジャイアント」を冠する技はジャイアント・ニー・ドロップ、ジャイアント・ギロチン・ドロップ、ジャイアント・バックブリーカーなどがあるが、藤波さんほどの多さではない。私が子どもの頃、「どんぐりころころ　馬場チョップ」と歌いながら友達とじゃんけんをする遊びが流行ったので、てっきり「馬場チョップ」という技があるのだと思っていたが、これは正式には「脳天唐竹割り」のことらしい。以上のことからも、藤波さんのケースがかなり特異であることが見て取れる。

さらに異常なのは、藤波さんの場合、プロレス技以外の動きにも「ドラゴン」が付いているということだ。タッグマッチのとき、パートナーからタッチを受けた藤波さんがなぜか一度コーナーポストに上がり、しかも「何もしないで降りる」という隙だらけの謎ムーブには「ドラゴン・リングイン」という名前が付いているし、得意のドラゴンロケットにいくと見せかけてキャンセルするムーブは「ドラゴンフェイント」と呼ばれている。人によっては、藤波さんがドロップキックをスカされたときに一人で受け身を取る様を「ドラゴン一人受け身」と呼ぶようだ。[iv] まさに「デビルイヤーは地獄耳」レベルの「それ、技なの？」的なネーミングがリアルになされているのだ。

また、「ドラゴン」の名が付くのは試合中の藤波さんの動きだけに留まらない。二〇〇一年

iii——力道山のパートナーとして活躍し、のちに力道山との一騎討ちで物議を醸した木村政彦には「キムラロック」があるが、これは木村が柔道家としてエリオ・グレイシーを破ったときにつけられたものらしいので、あくまで「柔道枠」と考えていいだろう。

iv——参考：http://backdrop.pw/hujinamitatumi/macho-dragon/

の東京ドーム大会で、長州力と橋本真也の遺恨試合中、実況席にいた藤波さん（当時社長）がなぜか突然リングに上がって試合を止めるという出来事があり、「ドラゴンストップ」と呼ばれている(v)。さらに、趣味の城めぐりが一部のファンに「ドラゴン城めぐり」と呼ばれるなど、「ドラゴンのインフレ」は藤波さんのプライベートにまで及んでいる。

オリジナル技だから？　ある種の過渡期？

　いったいこの現象は何なのか？　試合以外のムーブについてはともかく、とりあえず技に「ドラゴン」が付くことに関しては、少し考えればいくつかの理由が思いつく。たとえば、「オリジナル技が多いから」というのはその一つだ。実際、ドラゴンスープレックス、ドラゴンスクリュー、ドラゴンスリーパーなどは藤波さんが考案し、使い始めた技らしい。ただし、ドラゴンロケットはメキシカンプロレスですでに使われていたトペ・スイシーダと同じ技であり、ドラゴンバックブリーカーも既存のワンハンド・バックブリーカーと同じ技だ。つまり、藤波さんが使い始めた技ではなくても、既存の技を藤波さんが使うだけで「ドラゴン」の名が付いてしまうのだ。

　また、それまでのプロレス界では、オリジナル技だからといって必ずしもその使い手の名前やニックネームが付いたわけではない。たとえば「プロレスの神様」ことカール・ゴッチが使い始めたスープレックスの名前は「ジャーマン・スープレックス」であり、ゴッチの個人名ではなく国籍名（ドイツ）が付いている。[vi] バックブリーカー（背骨折り）にはカナディアンバックブリーカーとアルゼンチンバックブリーカーがあるが、それぞれ創始者がカナダ人とアルゼンチン人だから、ということらしい。また、テキサス出身のスタン・ハンセンの得意技は「ウエスタン・ラリアット」であり、モンゴル人というギミック（キャラ演出）で活躍したキラー・カーンの得意技は「モンゴリアン・チョップ」であった。どれも、個人名ではなく、国や出身地の名を冠しているのだ。

では、藤波さんの「ドラゴンなんとか」というのは、プロレス技が使い手の国籍や出身地に

v——試合を止めた理由としては、「試合が凄惨になりすぎて、そのまま続けるとどちらかの選手が潰れてしまうことを懸念したため」とされているが、実際は止めるほどじゃなかったという説もあり、よく分からない。試合の経緯などについては、Ａｍａｚｏｎプライム「有田と週刊プロレスと」シーズン2、エピソード24がくわしい。

vi——ただし、ゴッチの弟子である鈴木みのる選手が使う技に「ゴッチ式パイルドライバー」がある。こういう「ゴッチ式」という名を冠する技が、ゴッチさんが現役だった当時に使われていたかどうかは不明。どなたかご存じでしたら教えてください。

結び付けられる時代から、選手個人に結び付けられる時代に変わったということの表れなのだろうか？　つまり藤波さんの時代は、ちょうどその過渡期に当たるということなのだろうか？実際、藤波さんと同世代だと、長州力の「リキラリアット」や木戸修の「木戸クラッチ」があるし、さらに時代が下った今では、選手の名前が技名に入ることは別に珍しくもない。しかし、藤波さんほど「やることなすこと」にその名が付く人はいない。タイガーマスクなんかは、もともと漫画のヒーローであり、初代から四代目までいるという事情もあってか「タイガー」の名がつく技は多い（タイガースープレックス、タイガードライバー、スペース・フライング・タイガー・ドロップなど）。しかし、タイガーマスクが既存の技を使ったからといって、それが「タイガーなんとか」と呼ばれるわけではないし、ましてやリング外の言動に「タイガー」が付くこともない。初代タイガー佐山聡のシューティング合宿での指導の様子(vii)が「佐山しごき」とか呼ばれることはあっても、「タイガーしごき」と呼ばれることはたぶんないはずなのだ。

「ドラゴン」と「ジャイアント」の共通点

では、いったい何がこの「ドラゴン現象」の決め手になっているのか？　それを考えるにあたって私が目をつけたのは、「ジャイアント馬場の技」である。先ほど、馬場さんの技に「ジャイアント」の名が付くものが三つほどあることを述べたが、それはある意味、ドラゴン現象の先駆けと言っていいと思う。ではなぜ、馬場さんの技には「ジャイアント」の名が付いたのだろうか？

その理由として考えられるのは、「ジャイアント」という名前と馬場さん本人との「きわめて高い親和性」である。ジャイアントの名は、身長二〇九センチという、今のプロレス界から見ても圧倒的な大きさを誇った馬場さんにふさわしいニックネームである。まあそんなことは誰でも知ってることだが、馬場さんと「ジャイアント」の結びつきはもう一つある。それは、「読売ジャイアンツ出身」ということだ。つまり馬場さんは、「巨人軍から来た巨人」というダブルの意味でジャイアントなわけだ。

そしてこの点は、実は藤波さんとも共通している。藤波さんのニックネーム「ドラゴン」は、名前の「辰巳（現在は辰爾）」に「辰」が入っていることに由来するが、同時にそれは、当時の

vii ——プロレス・格闘技ファンの間では有名なドキュメンタリー映像。YouTubeで「佐山　しごき」とか「佐山道場」で検索すれば動画が見つかる（閲覧注意）。スパルタ指導の様子はめちゃめちゃ怖いが、「自分でやる気になること。これも、技術のうち」「アドレナリンを自分で上げていく」などといった名言もあり、いろいろ考えさせられる内容だ。

プロレスラーには珍しかった「体脂肪率の少ない引き締まった肉体」の代名詞でもある。つまり、ブルース・リーとの類似性である。実際、藤波さんがブレイクした当時は、その体格について語る際にブルース・リーが引き合いに出されることがよくあったらしい。当然それを意識してのことだと思うが、藤波さんも先述の持ち歌『マッチョ・ドラゴン』のPVで、パツキンの女性ダンサーたちに囲まれながら中国武術っぽい演武を披露している。つまり藤波さんは、「名前にドラゴンの入った、ブルース・リー（ドラゴン）っぽいレスラー」なわけである。

こんなふうに、馬場さんと藤波さんのケースを眺めてみると、ニックネームとご本人を結びつける強力な要因が二つもあるということになる。しかも、一つは体格、そしてもう一つは「過去の所属先」や「名前の漢字」というふうに、「必然と偶然」の両方がより合わされた運命的な結びつきである。そこまでニックネームとの親和性が高ければ、その人が披露する技にもその名を付けて呼びたくなるのが人情というものではないだろうか？

どうしても目立ってしまう存在

さらに藤波さんに関しては、当時のプロレスラーとしてはかなり特殊で目立つ特性をいくつも持っていたことも「ドラゴン現象」の大きな要因になったのではないかと思う。

まず一つには、「カワイイ」ということがある。藤波さんは、強面の大男たちが大勢いる昔のプロレス界では珍しく、小柄で引き締まった肉体と端正なマスクを持ち、女性や子どものファンを増やしたエポックメイキングな人である。我が家には映画『四角いジャングル』三部作のＤＶＤがあり、その中で若手時代の藤波さんがコシティ（棍棒状のトレーニング器具）を使って鍛錬する様子が見られるのだが、重いコシティを真剣な顔で懸命に振る藤波さんがめちゃくちゃカワイイのである。先述の『マッチョ・ドラゴン』のＢ面『ドラゴン体操』のＰＶでは、ピンクのトレーナーを着た藤波さんが小さい子どもたちと一緒に体操をしており、ただただ「愛くるしい」という感想しか出てこない。

さらに、「まったく暴力的ではない、温厚な人」ということも大きいと思う。今でこそ格闘技経験のない人がプロレスラーになる例は少なくないが、当時プロレスに入門する人たちはほぼ例外なく何らかの格闘技で鳴らした人であり、荒っぽい人も多かったらしい。そんな中、藤波さんは格闘技経験がないどころか、喧嘩すらしたことがなかったという。一九八七年、宿泊先で泥酔した新日本プロレスの選手たちが大乱闘をして旅館を破壊するというストⅡのボーナスステージのような出来事が起こったが、その翌朝四時に宿の従業員たちに混じって後片付けをしていたレスラーが藤波さんだったという話もある。

つまり藤波さんは「見た目が可愛くて、いい人」という点で、当時のレスラーの中では非常に目立つ存在なのである。しかし同時に忘れてはならないのは、そういう愛されキャラであることに加えて、不可解な言動で悪目立ちする機会も多いということだ。先述のドラゴン・リングインやドラゴンストップは氷山の一角でしかなく、長年メインエベンターの地位を譲ろうとしない猪木に控え室で抗議し、猪木にビンタを張り返した挙句、なぜか突然前髪を切り始めるという「飛龍革命」(一部ではドラゴン・ヘアカットとも呼ばれる)もあれば、正体不明のマスクマンであったスーパー・ストロング・マシンにリング上で突然「お前、平田だろ!」と言ったり(ドラゴン・カミングアウト)、社長なのに会社の動きを東スポで初めて知ったりといった、天然成分高めのエピソードが山ほどある。こういう、良くも悪くも何かにつけて注目を集めてしまう天性のスター性のようなものが、人びとに「ドラゴン」の名をつぶやかせてしまうのだろう。

以上、なんとなく持論っぽいことを披露してみたが、私は藤波さんの若手時代のことをリアルタイムで知っているわけではないので、本当のところどうだったのかはほとんど分からない。当時の私はほんのガキンチョで、父が楽しそうに見ているプロレスをこわごわ見ながら「猪木とジャッキー・チェンはどっちが強いのか?」などと考えていた子どもだった。藤波さんについても、マードックとの試合で両者半ケツ状態になっていたことぐらいしか覚えていない。よって、以上の話にはたいした信憑性はないし、裏付けも何もないので、けっして「言語学者が『ドラゴン』を読み解いた！」などと大げさに受け止めず、あくまで藤波さんという偉大なレスラーを愛でる際のおつまみ程度に考えていただけると嬉しい。二〇二一年一月現在、藤波さんは六七歳にして現役である。これからもずっとお元気で活躍していただきたいものだ。

14

ことば地獄めぐり

つい最近、自分にとっては画期的というか、重大な出来事があった。それは、「言語学についての本」を出したことである。具体的な書名は、『ふだん使いの言語学 「ことばの基礎力」を鍛えるヒント』（新潮選書）という。

私の仕事について知っておられるごく少数の人びとは、「何を言ってるんだ？」と思われるかもしれない。というのも、一応「言葉」とか「言語学」という名の付く本は、これまでにも何冊か出したことがあるからだ。しかしそれらはどれもＡＩがらみで、言語学だけを真正面から取り上げたものではない。連載「言語学バーリ・トゥード」にしても、言語学とは名ばかりで、実質的には単に私が普段考えているバカ話を披露する場である。たまに連載で書いた内容について「川添さんはそのような学説をお持ちなのですね」という反応をいただくこともあるが、ここで書いているのはそんな高尚なものではない。もちろん連載の中で言語学をもっと真剣に追究したっていいのだが、たまに真面目な話を書くと一部の方々に「川添は大丈夫か？」「体調が悪いのではないか？」と心配されるようなのだ。何より、「今度、こういう話（真面目っぽいテーマ）を書こうかなと思ってるんですけど」と言ったときのT嬢の反応が芳しくないので、私も努めてバカ話を書いているというわけだ。

言語学そのものを真正面から取り上げることについては、さまざまな心理的な抵抗があった。前にも書いたように、自分は言語学者としてはかなりアウトな方だという自覚がある。そのくせ、所属も役職も何もない身の上では苦し紛れに「言語学者」を名乗らざるを得ず、そのこと自体に後ろめたさを感じている。

さらにその後ろめたさを「恐怖」のレベルにまで押し上げる要因として、「言語学者はコワイ」ということがある。いきなり主語のデカい話で申し訳ないし、また当の言語学者の皆さんはたいして自覚していないかもしれないが、別の分野を経験してきた身からすると、言語学勢はけっこう「当たりが強い」のだ。

あくまで「＊個人の感想です」とお断りした上で言うが、議論をするときの言語学者は相手（の説）を潰しに行く獣《けだもの》である。それも、学会や研究会だけでなく、大学院の授業のレベルですでに、先輩か後輩か教員か学生かに関係なく、「相手を殺《や》りに行く姿勢」が見られるのだ。

私は自分がそういう土壌で育ったので、当初はこれが普通なんだと思っていた。そして、自然言語処理の分野（コンピュータで言葉を処理する分野。今はＡＩの一分野としてブイブイ言わせている）に移ったとき、人びとの穏やかさに驚愕した。なんか、みんな物腰が柔らかめなのである。それまで言語学の「ぶつかり稽古」で揉まれ、あらゆる議論に対して「ガチンコでゴワス」という態度で臨んできた私は、自然言語処理の平和な民の中に入っても場違いにキツイことを言う癖がなかなか抜けず、適応するのにけっこうな時間がかかった。

そんなわけなので、他の言語学者の目を気にすればなかなか「言語学の本」なんか書く気にならないし、いい加減なものを書いたらどんな目に遭うか分からない。それでも今回は重い腰を上げてどうにか書き上げ、めでたく出版に至ったのだが、本が出たら出たで、また別の意味で「もしかして私、やっちまったのか？」という思いがむくむくと湧き上がってきた。

というのも、『ふだん使いの言語学』はサブタイトルにもあるように、読者の皆様の「言葉の基礎力を鍛える」ことを目標にした本だ。世の中には言葉を上手に使えるようになりたいと思っている人は多いはずなので、この主旨そのものには意味があるはずだが、もしその本における私の文章の書き方がマズかったら、即座に「お前が言うな」という名のブーメランとなって私に襲いかかってくることになる。しかも、「言葉の力を向上させる本」は、読者が読むそばから著者の力量を目の当たりにするという、恐るべき構造になっている。マジで怖いので、宣伝用のエゴサは発売後三日目ぐらいで打ち切り、感想はほとんど読んでいないが、私の耳にはつねに「ブ〜メラン、ブ〜メラン」と歌うヒデキの美声が鳴り響いている。

一応言い訳じみたことを言わせていただくと、この本は、私が言語学を学んだ経緯で個人的に「これは多くの人にとって有用だろう」と思う側面をまとめた、いわば「言語学のいいとこ取り」を提示するものである。言語学そのものは言葉を使う力をアップするためにあるものではないし、言語学を学んだからといって必ずしも言葉の使い方がうまくなるわけではないが、私自身は言語学を学んだことで、確実に自分の言葉の使い方が改善されたと思っている。ただしこれは「当社比」なので、現在の私の言語能力が世間一般から見て高いとは限らないのが辛いところだ。

さらにしんどいのは、本の中で「言葉はみんなが思ってるより曖昧だから注意しようぜ」とか「言語感覚には個人差があるから注意した方がいいぜ」という感じのことを書いておきながら、出版までの間、自分が編集部とのやりとりで「曖昧さ」が原因の誤解をしたり、自分と他人との言語感覚の違いに戦慄したりする出来事が多かったことだ。つまり、出版前からすでにブーメランは飛んできていたのである。

とくに、言語感覚の個人差には驚くべきものがあった。一例を挙げると、私は『ふだん使いの言語学』の草稿の中に、一昔前に流布されていた「若い人に『米を洗って』と頼んだら、洗剤を使い始めて驚愕した」という話を入れていた。しかし、そこに書いた「米を洗う」という表現について、編集部から「その言い方はおかしい。普通は『米を研ぐ』じゃないのか」というコメントが付いたのだ。それを聞いて私もすぐに「確かに！」と思ったのだが、同時に自分はなぜ「米を洗う」という表現に違和感を覚えなかったのだろう、と不思議に思った。考えてみると、理由は私がここ二十年ほど玄米を主食にしていて、あまり白米を炊かないことにあった。ご存じの方も多いと思うが、玄米は必ずしも研がなくてよいので、流水で「洗う」ことになる。私はこれまで、言語感覚の違いは世代差や地域差で出てくるのだろうと思っていたが、「普段どんな米を食ってるか」程度の生活習慣の違いでここまでの差が出ることにショックを受けた。

また同時期に、「太郎に英語ができる」のような「誰々に何々ができる」という構文についても、複数の方面から「微妙に違和感がある」という意見をもらった。その方々はみな「誰々

が何々をできる」の方を推しておられた。私個人は両方OKなのだが、書き言葉だと「誰々に何々ができる」の方を使うことが多い。もしかしたら世代差か？と思ったのだが、同じ指摘をくださった方の中には私より年上の方もいるので何とも言えない。

こういうこともあったので、一時期はかなり自分の使う言い回しに自信がなくなってしまった。物を書くという仕事上、普段からわりと「知ってるつもりの言葉でも一応調べる」ということは心がけているのだが、最近は妙に気になり、調べる頻度も増えた。それで結果的に知識が増えたのはいいのだが、同時にかなりの「地獄」も目につくようになった。

そもそも、言葉についての争いが多すぎる。何らかの表現の用法について検索すると、かなりの頻度で「こういう言い方をする奴だけは許せない。そういう言い方は禁止しろ」というお怒りの言葉を目にする。「あなたはこの言葉、正しく使えてますの？　間違えたら赤っ恥かきますわよｗｗｗ」のような上から目線の文章も多い。確かにビジネスの場でものを言ったり、多くの人に見せる文章を書いたりする場合には、「言葉についての、自分だけの思い込み」が露呈して「こいつ、勉強してないな」と思われるのはマイナスだ。だが、さっきの「米を洗う」の例でも見たように、ほんの些細な生活習慣の違いで「この言い方はおかしい」と思う人とそうでない人が出てくることだってあるのだ。そういう対立がこの世にどんだけ潜んでいるのかと考えると、「ホント、言葉は地獄だぜ！　フワッハハー！」と言いながら機関銃でもぶっ放したくなる。

ちなみに、言葉の正しさについての議論はおおよそテンプレートが決まっている。こないだ、言葉とかとは全然関係のないチャットを見ていたら、誰かが「『仕事が一段落した』っていうときの読み方は、『ひとだんらく』は間違いで、『いちだんらく』が正しいらしいよ」と言ったのを皮切りに、「いちだんらく派」と「ひとだんらく派」の論争が始まった。「いちだんらく派」が「伝統的には『いちだんらく』なんだから、みんな正しく読もうぜ」と言うのに対して、「ひとだんらく派」は「今では『ひとだんらく』と言う人も多いし、問題なく通じるんだから、別に使ってもいいだろ」と言う。さらに前者が「そんなことを言い始めたらどんな読み方でも『通じれば良い』ということになって、日本語がめちゃくちゃになる」と言えば、後者も「いいや、言葉は変わっていくものだから、そういうのも受け入れるべきだ」と言い、双方が対立したまま終わった。こんなふうに議論が平行線を辿る場合、プロレスなら「あとはリング上で決着をつけるしかない」という絶好の煽りになるのだが、言葉に関する話ではそうならないのが残念なところだ。

こういうテンプレ的な議論に対して個人がどういう立場を取るかは、けっこう状況によってころころ変わると思う。私自身も個人としては、自分に馴染みのない表現が「新規」のものだったら「なんちゅう言葉を使《つこ》うとるんじゃ！　こっちには『伝統さん』がバックについとんじゃワレェ～」とオラつきたくなるし、逆に自分が馴染んでいる表現が「実は伝統的なものではない」と聞かされたら、「伝統なんて知るか！　俺たちはやりたいようにやるんだ！」と盗んだバイクで走り出したくなる。要するに「自分は他人にマウントを取りたいが、自分にマウントを取ってくる奴は許せない」ということであり、言葉に対する立場としては完全にダブスタである。そういった意味で、私も自ら「ことば地獄」を生み出していると言える。

　じゃあ「言語学者」の立場としてはどうなのかというと、これはけっこう難しい。世の中には、「誤用や言葉の乱れを正して、正しい日本語を守るのが言語学者の仕事じゃないの？」と思っている人も多いと思う。しかし前にも書いたとおり、それは誤解だ。とくに私が学んだ理論言語学では言葉を自然現象として見るので、いわゆる「誤用」や「言葉の乱れ」が広まって定着したりするのも自然な変化だと考える。

　実際、「正しい日本語」を正当化するのは簡単ではない。とくに「言い回し」、つまり単語レベルの用法や形式については、ぶっちゃけ「広まってしまえば認めざるを得ない」という側面がある。また、広まってしまった新しい用法や形式に対して「伝統的な言い方ではないから間違い」と言ったとしても、その「伝統」自体がけっこう「素人の思い込み」だったりする。たとえば、「全然オッケー」とか「全然いいよ」などといった「ない」を伴わない「全然」の使用は、本来の使い方ではないから間違いだと言う人もいるが、夏目漱石の『坊ちゃん』とかその辺りの時代には普通に使われていて、[i]それこそ「全然イケる」表現だったらしい。むしろ「ない」のような否定を伴う用法の方が「ご新規さん」だというから驚きだ。

また、「文字通りの意味ではない」ということが間違いの根拠にされることも多いが、それもけっこう危うい。たとえば「汚名挽回」といった表現は「名誉挽回の間違いだろ」「汚名を挽回してどうする」とツッコまれることが多いが、辞書編纂者の飯間浩明氏によれば、「挽回」には「元に戻す」という意味があり、「汚名挽回」は「汚名の状態を元に戻す」と考えられるという点で、別に誤用ではないらしい。[ii]私も「誰かが『汚名挽回』と言ったら笑ってやろう」と思っていたので、危ないところだった。

新しい言い回しに対して、「元々あったものと曖昧になって紛らわしいからヤメレ」という意見が出てくることもある。たとえば「議論が煮詰まる」という表現は、元々は「議論が十分に進んで結論が出せる段階になること」を表しており、「議論が行き詰まって結論が出ないこと」というのは最近出てきた新しい用法だという。調査によれば、どちらの意味で理解しているかには世代差が見られるらしい。[iii] 私自身は新しい用法の方に馴染みがある（別に若ぶっているわけではない）が、元々の言い方を擁護する人からは「新しい用法は正反対の意味だから紛らわしい」という声も出ているようで、確かにそうだなと思う。

しかし、「曖昧だと困るから、曖昧でない言い方を選ぶべきだ」となると、「ら抜き言葉」なんかはどうなのか、という話になる。「ら抜き」はいわゆる「言葉の乱れ」の代表格で、目上の人には使うなと言う人も多いが、元々の「見られる」「食べられる」が可能・尊敬・受け身

---

i ——窪薗晴夫（二〇一七）『通じない日本語——世代差・地域差からみる言葉の不思議』（平凡社新書）などを参照のこと。

ii ——参考：飯間浩明先生の二〇一四年五月一日のツイート（https://twitter.com/IIMA_Hiroaki/status/461845102835429376）。以下に引用する。

「「挽回」は「元に戻す」という意味があるので、「汚名挽回」は「汚名の状態を元に戻す」と考えられ、誤用ではない。これは『三省堂国語辞典』第7版に記述しました。『明鏡国語辞典』もやんわりとですが、誤用と決めつけられないことを記しています。「汚名挽回」の汚名挽回なるか、といったところ。」

iii ——文化庁文化部国語科（二〇一二）「議論が「煮詰まる」のは良いことか？」、『文化庁月報』No. 520、平成二四年一月号。

https://www.bunka.go.jp/pr/publish/bunkachou_geppou/2012_01/series_08/series_08.html

などにも取れて曖昧であるのに対し、「見れる」「食べれる」なら可能の意味であることが明確に伝えられるというメリットがある。『日本語ウォッチング』などの著書で知られる井上史雄氏は、次のようなエピソードを挙げている。(iv)

（前略）ある会社の部長が部下を乗せて車を運転していたところ、駐車場を見付けた部下が「部長、あそこに止められますか？」といいました。すると部長は「私の運転技術を疑うのか！」と怒ってしまった。部下にしてみれば「お止めになりますか？」という尊敬の意味でいったのに、部長には「止めることができるか？」に聞こえてしまったんです。

「ら抜き」がもっと流行ればこういう誤解も避けられるようになるかもしれないと思うと、「ら抜き、ダメ！　ゼッタイ！」とは言いにくくなってしまう。

つまり「伝統」とか「文字通りの意味」とか「伝わりやすさ」は、どれももっともらしくはあるが、それらに「日本語としての正しさ」の根拠を求めようとすると、結果的によく分からないことになってしまうのだ。そういった意味で、「言い回し」レベルの「正しい日本語」というのは、実体のないあやふやなものだと言える。

しかしこういうことを書くと、「だったら、誰かが書いた文章を読んで『おかしいな』とか『間違ってるな』って思っても、絶対に指摘しちゃいけないの？」と悩む人が出てくると思う。このあたり、なかなかさじ加減が難しい。私は別に、プレステのことを「プレイステイトン」と書いてしまったソニー公式[v]とか、「生き字引」と言うべきところを「部長は我が社の地引網ですね」と言ってしまった同僚なんかに対して「絶対に笑ってはいけない誤字誤用24時」を貫け、と言っているわけではない。そういう「ガチのウッカリ」は、必要に応じて指摘したり直してあげたりすべきだろう。また、字の書き方、読み方などについては、人びとの生活への影響が大きいため、標準的な書き方や読み方に倣うようにする方が望ましい。そういった意味で、言葉の中には確かに「正解」が作りやすく、維持した方がいい部分は存在する。

---

iv——引用元：井上史雄（二〇〇二）「「ラ抜き言葉」の誕生には、一〇〇〇年の歴史があった。若者言葉は、単なる「乱れ」ではないのです。——若者言葉を〝科学〟する」、『at home 教授対談シリーズこだわりアカデミー』二〇〇二年一〇月号、at home 株式会社。https://www.athome-academy.jp/archive/literature_language/0000000194_all.html

v——参考：J-CASTニュース（二〇二一）「ソニー公式がまさかの誤字 「プレイステイトン5」販売告知に笑い広がる」、二〇二一年一月二六日。https://www.j-cast.com/2021/01/26403704.html

また、「正しい日本語なんて存在しないんだから、自分が好きなように書いたり話したりしていいんだ」などと極端なことを考える人とか、「正しい日本語を話しましょう」と主張する人たちに要らん攻撃をしかける人も出てくるかもしれないが、それは私の本意ではない。私個人は、「正しい日本語を話すべき」という言説は「ビジネスの場やフォーマルな場では、状況にふさわしい言い回しを選ぶべき」というマナーの話であると捉えている。つまり俗に言う「正しい日本語」というのは、服にたとえればスーツやパーティ用のドレスみたいなもの、と考えているのだ。実際は日本語にも、パジャマや部屋着やジャージに相当するような表現がたくさんあり、それらは会社やパーティなどといったフォーマルな場では使わない方がいいだろう。同時に、パジャマ

なんかを「服として正しくない」とか「そもそも服ではない」などと言うことはできないのと同じように、フォーマルな場で使えない日本語についても「日本語として正しくない」とか「日本語ではない」と言うことはできない。さらに歴史の流れによっては、レディー・ガガの生肉ドレス並みに常識から外れた言葉であっても、何らかのきっかけでスタンダードになることだってあるかもしれない。

さらに重要なのは、私たちが言葉に対して「自然さ」や「不自然さ」を感じることは事実であり、理論言語学が観察する主な対象はまさにこの「自然さ・不自然さ」であるということだ。「言葉の自然さって、正しさと同じなんじゃないの?」と思う人もいるだろうが、「大多数の人が自然だと思う日本語」がどんなものかが完全に明確に分かるわけでもなく、時代による変化も被るので、それを完全に固定して「正しい日本語　〜オールタイムベスト〜」を作るのには無理がある。じゃあどうやって研究するの?と疑問に思われるかもしれないが、そのあたりは『ふだん使いの言語学』を読んでいただきたい。

いずれにしても、他人の言葉使いにカリカリしすぎない方が幸せでいられるような気がする。あんまり「あれはダメ、これはダメ」ということを言いすぎると、自分が作り上げたマナー地獄に自分が落ちるということにもなりかねない。

ただし例外はあって、専門用語や学術用語のように厳密な定義がある言葉は、勝手な使い方をされると害になる場合もある。前に何かのドラマで、「とある教授がライバルの教授のインパクトファクターを追い越すために必死こいて論文を書く」というエピソードが話題になった。「インパクトファクター」とは、「ある学術誌の論文が過去二年間にどれだけ引用されたか」という「学術誌の影響力についての指標」であり、研究者個人が持つものではない。しかしそのドラマでは、「教授個人のインパクトファクター」が学内政治にも影響するというトンデモ設定が盛り込んであったらしい。ただでさえ「インパクトファクター」は「個々の論文の影響力を測るもの」といった誤解を受けがちなのに、ここまで振り切れた誤用が地上波で流れたとは驚きだ。私はもう論文とか書かない身なのでどうでもいいが、もし研究者時代にこの使い方が広まって「川添のインパクトファクターはこれぐらいｗｗｗ低ｗｗｗ」などと言われたらブチ切れていたことだろう。学術用語は一般に、議論を厳密に行うために慎重に定義されている言葉なので、定義をぶっ壊されると非常に困る。ツィッターなんかで研究者がよく「誤用警察」になる場面を見かけるが、その裏にはそういった深刻な事情があるのだ。

また、社会問題を象徴する言葉にも似たような側面があり、変な使い方が広まると問題自体への認識が薄められてしまう危険性がある。このあたりについてもいずれ機会があったら書くかもしれないが、けっこう重いテーマになりそうなので、「言語学バーリ・トゥード」ではやらないかもしれない。

そもそも私がこの連載で使っている言葉は、服にたとえるならば「五年ぐらい着古したパジャマ兼部屋着のスウェット上下」といった感じなのだ。よって、内容面でも「伸びきったゴム紐」とか「よれよれの襟元」「擦り切れた膝部分」のような感じを心がけていきたい。

15 記憶に残る理由

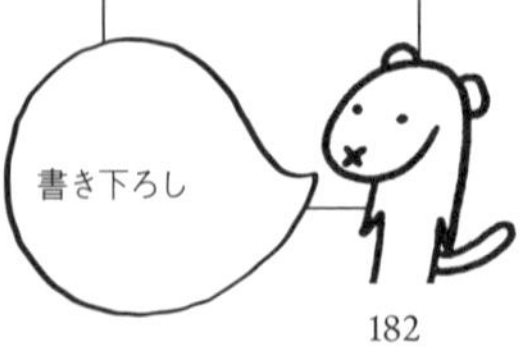

『ＵＰ』二〇二〇年七月号に掲載した「チェコ語、始めました」を読んでくださった方から、たまに「チェコ語の勉強は進んでいますか？」というお尋ねをいただく。答えはＮｏだ。二〇二〇年の夏ごろまではそこそこ順調に進んでいたのだが、秋から急に失速してしまった。

その頃に何があったのかというと、実は詰め将棋を始めたのである。生まれてからもうすぐ半世紀近くになるが、自分が将棋の勉強を始めようとは予想だにしなかった。このご時世、将棋を始めたなどと言うと「どうせ聡太きゅんが好きなんだろう」と思われる気がするが、私の一番の推しは「将棋の強いおじさん」こと木村一基九段である（もちろん、藤井聡太二冠のことも応援している）。また、詰め将棋を始めた直接のきっかけは、Ａｂｅｍａで放送されていた「Ａｂｅｍａトーナメント」を見たことである。

このトーナメントの面白いところは、まず団体戦であることだ。棋士たちは三人一組でチームを組んで、先鋒・中堅・大将という形式で戦う。本来個人で闘う棋士の方々が話し合って作戦を立てたり、チームメイトを励ましたりと、「チーム萌え」の人間にとってはたまらない内容となっている。さらにこのトーナメントは、各対局が早指し形式であり、持ち時間は五分で、一手指すごとに五秒が追加されるルールになっている。対局中に持ち時間がなくなってくると、盤面がめまぐるしく動く。普段の将棋の対局は何時間もかかるので、棋士の人たちがどんなふうに頭を動かしているのかは知るよしもなかったが、早指しだとほんの数秒の間にとてつもない量の思考がなされていることが分かる。このトーナメントには、そういうスポーツ的な面白さもある。

私は駒の動かし方ぐらいしか知らなかったので、それぞれの局面で何が起こっているのかはまったく分からなかったが、それでも「なんかスゴイ、面白い」と思い、ついには「将棋を知らないせいで、人生の楽しみを半分ぐらい損しているのでは？」とまで思うようになった。それに、よく考えたら私のフェイバリットな本の一つは団鬼六先生の『真剣師 小池重明』(i)なのである。この本は将棋をまったく知らなくても最高に面白いが、Ａｂｅｍａトーナメントで棋

i ——幻冬舎アウトロー文庫、一九九七年。

士の凄さを目の当たりにして、「もしかしたら、私はあの本の面白さをほとんど分かっていないのかもしれない」という思いにもかられた。それで、とりあえず一手詰めから始めることにしたのである。もともと論理的に突き詰めて考えるのが超ニガテなので、一手詰めですらできるようになるまで時間はかかったが、今ではようやく三手詰めまで解けるようになった。

詰め将棋を始めた当初も、チェコ語の勉強は続けていた。しかし、詰め将棋の勘どころが分かり始めるにつれて、だんだんとチェコ語が頭に入らなくなった。脳についてのくわしいことは分からないが、もしかしたら同じ部位を使っているのでは?と思うほどの「入らなさ」で、どう頑張っても「ここは満員だぜ」という感じになってしまう。そう言えば知り合いが「ギターの練習をすると数学の勉強ができなくなる」と言っていたが、「将棋と語学」もそういう組み合わせなのかもしれない。

そんな感じで時が経ってしまったのを反省し、最近ではまたチェコ語を少しずつやり直している。中年の「忘れる力」は凄まじく、数ヶ月前に覚えた単語のほとんどを忘れていて、今ではもうペンペン草ぐらいしか残っていない。だが、そのペンペン草の中に、前にもお話しした

「自作の語呂合わせ」で覚えた単語が含まれていた。前回は「自作の語呂合わせはほとんど役に立たない」と書いたが、やっぱり作っといて良かったのだ。あの後もいくつか語呂合わせを作ったので、ここに披露しておこう。

すっとろい機械（stroj「機械」）
両方のおば（oba「両方の」）
これが同僚（kolega「同僚」）
日曜日は寝でれ（neděle「日曜日」）

「寝でれ」はどっかの方言でいう「寝てろ」のつもりで割り当てた。実際にそんな言い方をする方言を知っているわけではないので、もしかすると私の頭の中だけにあるニセ方言かもしれない。

ちなみに、前回の語呂合わせの話にはけっこう反響があった。私の担当編集者の中に学生時代にロシア語を専攻されていた方がおられるのだが、彼女からはロシア語教師の鉄板ネタだという「窓が開くの〜（окно：アクノー＝窓）」という語呂合わせを教えていただいた。またたい

へん恐れ多いことに、チェコ語の専門家の先生方からもSNSやメールなどでコメントをいただいた。

そしてあのSTO先生も、メールで感想(という名のクレーム)をくださった。STO先生のクレームは、「私が中学時代に発明した自信作」としてご紹介した「ろくな人間(六七二年)おらん　壬申の乱」についてのものである。余談だが、この語呂合わせについては後日、私ではなく妹が作ったものであることが判明した。しかし中学時代に自分が友達に「私が作った」と言いまくっていたのは確かなので、当時からパクリ精神が旺盛だったということになる。

STO先生のクレームは、「『ろくな人間

おらん』だと、六七二年ではなく六九七年のように聞こえてしまう。これは語呂合わせとしていかがなものか」というものだった。これには「なるほど」と言わざるを得ない。この語呂合わせでは「ろくなに（んげん）」の部分で「六七二（年）」を表しているが、「ろくな」の部分だけで「六九七（年）」を表すことも可能だ。つまり、この語呂合わせには曖昧性があるのだ。

また、「ろくなに（んげん）＝六七二年」と「ろくな＝六九七年」のどちらに解釈しやすいかというと、断然後者であるような気がする。これはおそらく、「ろくな」の方は年号を表す部分が「一つの語」に対応しているからだ。よく考えたら、いつまで経っても忘れられない優れた語呂合わせの多くは、年号を表す部分が語や句に対応している。たとえば「なんと素敵な平城京（七一〇年）」「鳴くよウグイス平安京（七九四年）」「白紙に戻そう遣唐使（八九四年）[ii]」「いい国作ろう鎌倉幕府（一一九二年）」「意欲に燃えるコロンブス（一四九二年）」などは、年号を表す部分の切れ目と語句の区切りが一致している。その上意味的にも内容と合致しているという点で、ため息が出るほど見事な作品だ。ちなみにＳＴＯ先生は学生時代、試験前に友人たちを混

ii――この語呂合わせを見て、自分が中学時代に「遣唐使が吐くよ（八九四年）」という絵面の汚い語呂合わせを口にしていたことを思い出した。自分で作ったのか、はたまた妹が作ったのか分からないが、妹が作ったことにしておく。

乱させるために「鳴くよウグイス平城京」と言いまくった結果、自分もそのように間違えて覚えてしまったという。「因果応報」という言葉が仏様のイメージとともに私の頭をよぎった。

またこれもSTO先生情報なのだが、今では鎌倉幕府の始まりは一一九二年ではなく一一八五年とされ、それに対応した以下のような語呂合わせがあるらしい。関連のウェブサイト(iii)から抜粋するが、とりあえず「ドイヒー」と言わざるを得ない。

いいや（118）、御（5）免だな、鎌倉幕府は
ひいい（11）！　鎌倉幕府の頼朝は（8）怖（5）い！
美品（11）は（8）こ（5）んなに！　鎌倉幕府
鎌倉幕府はいい（11）番号（85）だ！
鎌倉幕府でひいい（11）！　発光（85）する頼朝さん

どれも「覚えさせよう」というよりも、明らかに笑わせに来ている。「頼朝は怖い」とか「ひいい！　発光する頼朝さん」なんかは、名作ゲーム「源平討魔伝」にインスパイアされているとしか思えない(iv)。いずれにしても、「いい国作ろう鎌倉幕府」がいかに奇跡的な名作だっ

たかがよく分かる。

年号のような数字の羅列は覚えるのがたいへんだ。だからこそ、こういった語呂合わせが作られるのだろう。お店や会社の電話番号なんかにも、そういった苦心の跡がよく見られる。歯医者さんの番号には「6480（虫歯ゼロ）」とか「8218（歯にい〜わ）」といった名作が多いな〜となんとなく思っていたが、デイリーポータルZの記事でも同じようなことが書かれていてちょっと嬉しかった。(v) 有名どころではリーブ21の「783-640（なやみ　むよう）」が優れていると思う。そういえば、私がかなり昔に使っていた番号が「6973-4650」だったのだが、私はそれ

iii——参考：日本史語呂合わせの教科書「【鎌倉幕府の成立の覚え方】年号（一一八五年）の語呂合わせを紹介！【おすすめ5選】」、二〇一九年四月三日（https://nihonshi-goro.com/kamakura-bakufu-seiritsu/）。

iv——一九八〇年代に発売されたアーケードゲーム／ファミコンゲーム。平景清がこの世に蘇り、壇ノ浦から出発してさまざまな敵を倒しながら鎌倉へ行くという設定だ。ラスボスはもちろん頼朝さんである。中ボスの義経が奇声を上げながら飛びかかってくる様は「不気味」の一言で、判官びいきはどこへ？と首をかしげたくなる。最近知ったが、このゲームは浄瑠璃の『出世景清』をモチーフにしているらしい。

v——梅田カズヒコ「第一回語呂合わせ電話番号グランプリ」、デイリーポータルZ（https://dailyportalz.jp/b/koneta05/07/15/02/）。

を「ロックな三四郎（50）」と覚えていた。今の番号はたまに忘れるが、この番号はロック魂を忘れない五十歳のオヤジのイメージとともに、今も記憶にこびりついている。

だが電話番号に関して言えば、語呂合わせなんぞに頼ることなく人びとの記憶に残る「猛者」も存在する。私の推測では、福岡周辺のエリアに住んだことのある人は九割方、日本文化センターの番号（092-863-2222）をそらで言えるのではないだろうか。末尾の2222は確かに覚えやすいが、それ以上に重要なのはメロディだろう。よく切れる包丁とか高枝切りバサミとかの紹介の後に必ず聞かされる「ふくおかぜろ〜きゅ〜うにぃ〜　はちろくさんの、にぃにぃにぃにぃ〜（に〜ほ〜ん　ぶんか〜せんた〜）」というメロは妙に頭に残る。ちなみに北海道で「北海道バージョン」を見たら、「さっぽろぜろ〜い〜ちいち〜」のように、市外局番の違いをものともせず同じメロが使われていた。調べてみると、同センターの全国の電話番号とそのメロディを集めた動画もあり、多少のバリエーションはあるがおおよそ同じ方針のメロディで押し通されていることが分かった。なんという汎用性の高さだろうか。このメロディを思いついた時点で「勝ち」が確定していると言える。

よく考えたら「メロディに乗せる」というのは、言葉や数字の列なんかを記憶に残すのに役立っている。CMソングが重要なのも、そこらへんの事情によるのだろう。私はいまだに、子どもの頃に見ていた『オレたちひょうきん族』で明石家さんまが演じていた歴代の「タケちゃんマンの敵キャラ」(ブラックデビルとか、アミダばばあとか)をすべて思い出せるのだが、各キャラにテーマソングがあったという要因は大きいと思う。しかもそれらのテーマソングに付随して、余計なこともけっこう思い出す。たとえば「しっとるけ」のテーマソングの「今年で三十、しっとるけ~のけ~」という歌詞を思い起こせば、当時のさんまは三十歳だったのだなと思ってしみじみするし、『世界の国からこんにちは』の替え歌だった「ナンデスカマン」のテーマを思い浮かべると、ナンデスカマンのコスチュームの胸元にあしらわれた「WHAT DO YOU SAY?」という微妙な英文まで思い出されてジワジワ来る。たぶん、さんまが演じた敵キャラの中でテーマソングがなかったのは「サラリーマン」ぐらいではないだろうか。覚えている人がいるか分からないが、「サラリーマン」は怪人でもなんでもない普通の人で、いわゆるシュールな笑いを狙ったキャラだった。タケちゃんマンへの攻撃も、名刺を渡したり、無理矢理飲みに連れて行こうとしたりするなどの「サラリーマンしぐさ」だった。当時子どもだった私にはまったく面白さが分からなかったが、一緒に見ていた父は大爆笑していた。いい思い出だ。

当時生まれていなかった人やお笑いを見てなかった人、「土曜八時はひょうきん族派ではなくカトちゃんケンちゃん派」だった人には分からない話をしてしまったが、改めてメロディの重要性は認識できたと思う。歌にしても、メロディがなければ絶対に暗記できないような分量の言葉がするする出てくるようになるのだから、すごいものだ。日本で言えば平家物語とか、中世ヨーロッパで言えばニーベルンゲンの歌といった作品がメロに合わせて歌われてきたのも、そもそも「その方が覚えやすい」という事情があるのだろう。

文章を書いて売るという仕事をしている以上、人びとの記憶に残りやすい言葉を思いつけるかどうかは死活問題だ。とくに本のタイトルは売り上げに大きく影響するので、毎回大いに悩む。しかしこの悩みも、もし印象深いメロディをつければ解決するのではないだろうか？　この連載「言語学バーリ・トゥード」にも、ＳＴＯ先生をはじめとする多くの人にとって耳慣れない「バーリ・トゥード」という言葉が付いているが、それなりにキャッチーなメロが付けば楽に覚えてもらえる気がする。掲載誌の『ＵＰ』にしても、公共広告機構（ＡＣ）の「え〜し〜♪」のメロディを拝借して「ゆ〜ぴ〜♪」とでも宣伝すれば知名度が上がりそうだし、「アップ」という読み間違いも減るだろう。ただ問題は、テレビやラジオといった音の出るメディアで宣伝をする機会をどうやって作るかだ。そのためには、すでにそれなりの知名度があるか、けっこうな額のマネーを出すかしなくてはならない。詰んだ。

メロを付けるというオプションは難易度が高いことが分かったが、同時に「奥の手」を思いついた。「すでに知名度のある何かに似た名前をつけること」、つまりパロディという名の他力本願寺である。パロディ作品の記憶へのこびりつき方は侮れない。マイケル・ジャクソンの名曲『今夜はビート・イット』を聞けば必ず『今夜もイート・イット』を思い出すし、さらには『BAD』のパロディ『FAT』まで思い出し、風船のような腹を揺らして踊りながら「Who's fat?」とキメ顔を作るアル・ヤンコビックが瞼に浮かぶ。本にしても、何かベストセラーが出れば、二匹目どころか百匹目のドジョウを狙って似たようなタイトルの本がニョロニョロ出てくるし、中にはタイトルどころかコンセプトまで真似したものも出てくる。それを考えると、この連載も今すぐ「鬼滅の言語」とかに名前を変えるべきかもしれないが、そうすると内容にも鬼滅っぽさが出るように全集中しないといけない。要するに何を真似するかで「縛り」が出てくる。これは窮屈だ。

逆に、誰かに真似してもらうことで記憶に残るという面もある。長州力の「キレてないですよ」がプロレスファン以外の人にも定着しているのは、長州小力やくりぃむしちゅー有田が真似したからだろう。しかし誰かに真似してもらうには、真似されるだけの知名度がなければならない。また知名度のお出ましだ。

他に何かないかだろうか？　考えてみると、「みんなが注目するところで放たれた歴史的な言葉」は記憶に残りやすいような気がする。プロレスファンならたぶん、猪木の引退試合のスピーチ「この道をゆけばどうなるものか　危ぶむなかれ（中略）行けば分かるさ」を覚えているはずだ。プロレス以外の例としては、オリンピックでメダルを取った人がその直後に放ったコメントなんかが挙げられる。水泳の北島康介選手の「チョー気持ちいい」を今も覚えている人は多いだろう。だったら、今後オリンピックで金メダルを取った選手に「言語学バーリ・トゥードがあったから頑張れました……（涙）」とか言ってもらえれば、知名度は爆上がりし、過去の本の在庫も一掃してウッハウハになるんじゃないだろうか。しかしそうなるためにはオリンピック選手の励みになるものを書かなければならないし、オリンピック選手に手にとってもらうためにはそもそも知名度（以下略）。

なんだか「デスパラグラフが多すぎてクリアできないゲームブック」の様相を呈してきてさすがに凹んだ。とはいえ、言葉が記憶に残る要因はいろいろ分かった気がする。ポイントは、言葉とそれ以外のもの（印象的な音楽、有名な何か、歴史的な出来事 etc.）をいかに強く結びつけるかという点にあるようだ。ただ、本のタイトルはともかく、チェコ語の単語をすべてそういったものに結びつけて覚えることは不可能だ。ここはいい加減に諦めて、地道に単語帳に向き合うことにしたい。

16 草が生えた瞬間

「なくて七癖」という言葉があるように、誰にでも何かしらの癖はあるものだ。書き言葉も、癖が表面化しやすい側面の一つだ。私は自分の書き言葉にはあまり癖がないと思っていたが、編集や校閲の方々の指摘を受けて、けっこう癖があることに気づいた。

よく指摘されるのが、「カギカッコの多さ」である。私の文章には、要らんカギカッコが散見されるらしいのだ。そう言われて見返してみると確かに多い。言われて以来、あまりカッコを使わないように気をつけてはいるが、今でも気を抜くとつい多用してしまう。

普通、カギカッコを使う対象は、話し言葉や他人の言葉の引用、強調したい言葉などだ。あと、言葉に「文字通りではない特別な意味」があることをほのめかす場合にも使われる。たとえば、漫画で怪しげな美形キャラが「さあ、『パーティ』を始めようか」などと言えば、読み手は「普通のパーティじゃないんだろうな」と思うし、軍人っぽいキャラの台詞が「クニで

『女』が待ってるんでね……」のようになっていれば、実際に待っているのは嫁とか恋人ではなくて娘（あるいは犬）だったりする。自分の文章を読み返してみると、けっこうこの「ほのめかしのカギカッコ」が多いことに気がつく。たぶん私の文章は、読む人によっては「ほのめかしが多くてウザい文章」なのだろう。

また、私はそれらに加えて、句の構造をはっきりさせたいときにもカギカッコを多用しているようだ。これについては、つい先ほども、

言葉に「文字通りではない特別な意味」があることをほのめかす

という部分で使ったばかりである。この部分は、もしカギカッコを使わなければ次のようになる。

言葉に文字通りではない特別な意味があることをほのめかす

ご覧の通り、カギカッコがない場合は「文字通りではない特別な意味」の部分がひとかたまり

であることが少々分かりにくくなる。また、人間が言葉を解釈する際には「新しく出てきた語を、すぐ前に出てきた語句に結びつけやすい」という傾向があるので、この句についても「言葉に文字通りではない」の部分を「かたまり」として読んでしまう人がいるかもしれない。カギカッコを使えば「かたまり」の境界が明確になり、意図が相手に伝わりやすくなる。ただし、句の構造や書き手の意図を明確にする手段は他にもあるので、カギカッコばかり使うのは安易だとも言える。

以上のことを総合すれば、私の文章は「ほのめかしが多く、なおかつ読みやすさをカギカッコで安易に補おうとしているウザい文章」ということになる。ここで怖いもの見たさで「カギカッコ　多用」などといったキーワードで検索したりすると、カギカッコの多い文章にキレかけている人たちの怒りを目の当たりにし、しばらく文章を書く手が止まってしまう。中には、「感性の豊かさでマウンティングしてくる人の文章にカギ括弧が多用される」という手厳しい意見もあり、「私、そんなことしてないよね？」などと気になり始め、さらに仕事に支障を来す。

そういえばつい最近、文の末尾に「…」、つまり三点リーダーをつける相手にムカついている人たちの声を紹介する記事を読んだ。[i] 仕事のメールとかＬＩＮＥとかで「そうしていただけるとありがたいんですが…」とか「それでも構いませんが…」とか「できれば、そうしてほしいんですけど…」など、語尾をぼかしたメッセージを送ってくる相手にブチ切れている人が多い、という内容だ。まあ確かにウザいが、問題があるのは三点リーダーを使うことそのものではなく、むしろ「私ははっきり言いたくないので言いませんが、あなたも社会人なんだから、私が何を言いたいか、だいたい分かりますよね？　いやいや、何が何でも正しく察せとか言っているわけではないですよ？　そもそもあなたの理解が正しいか間違っているかに関して、こっちは何も言いませんからね。だって、後からこっちが責任取ることになったら面倒じゃないですか。あなたが私の言いたいことを勝手に解釈して行動して失敗したら、こっちは即座にハシゴ外しますんで、そこんとこ４６４９」という思考の方だろう。

カギカッコにしても三点リーダーにしても、使いすぎは良くないが、使いたくなる心理はよく分かる。いずれも「文字越しに表情を出す」ための苦肉の策だ。対面や電話でのコミュニケーションであれば、何かをほのめかしているときは顔や声に表れるし、句の構造も音声の抑揚などからある程度は推測できる。しかし、文字のみのコミュニケーションではそういった情報が欠けてしまう。そこらへんを補おうとして、カギカッコや三点リーダーをつけるのだ。

つい忘れそうになるが、Ｅメールやインターネットが出てくる前の時代、コミュニケーションの主流は対面か電話で、文字によるやりとりは今よりマイナーだったはずだ。電話でのコミュニケーションですら、携帯電話がなかった時代は今よりはるかに比重が小さかったと思う。島本和彦が自身の芸大生時代を描いた傑作漫画『アオイホノオ』（小学館）を読んでいると、一九八〇年当時の大学生が別の学生に何かを伝えたいとき、相手がいそうなところに当たりをつけて走り回り、会えればＯＫ、会えなければ諦めるという描写があって驚く。同作の中には、下宿の電話が共用であるため、誰かが長電話していれば自分の電話がかけられないし、受けられないという場面もある。

こんなふうに、スマホもねえ、ネットもねえ、毎日ダイヤルぐ〜るぐるの時代における文字のコミュニケーションと言えば、主に「手書きの手紙」だろう。ただし手書きであること、つまり書き手本人の筆跡が見えることは、音声だとか書き手の表情なんかの欠落を大いに補うように思う。実際、手書き文字の伝える情報量は侮れない。相田みつをの詩だって、あの文字で語られるからこそ読む人の心に強烈に響くのだと思う。

i——NEWSポストセブン「語尾が「…」ばかり「三点リーダー症候群」相手のせいにするズルさも」、二〇二一年一月一五日（https://www.news-postseven.com/archives/20210115_1627800.html?DETAIL）。

逆に、手書きではない文字の淡泊さと冷たさは半端ないし、文字の背後にある怒りとか苛立ちを必要以上に感じさせることがある。藤子不二雄Ⓐ先生の名作『まんが道』に描かれた「原稿大量落とし事件」では、文字のメッセージの怖さがいやというほど味わえる。読んだことのない人のために説明すると、満賀道雄（若き日の藤子Ⓐ先生をモデルとする主人公）と才野茂（＝F先生）が東京に出てしばらく経ち、コンビ漫画家としてようやく仕事が軌道に乗ってきた頃に、故郷の富山に帰省する。二人は多数の仕事を故郷に持ち帰っていたが、久々の実家で完全に気が緩んでしまい、原稿がまったく進まなくなってしまう。そうこうしているうちに締め切りが近くなり、東京の担当編集者たちから「ゲン（＝原稿）オクレ」という催促の電報が届き始める。

ようやく尻に火が付き、急いで原稿に取りかかる二人だが、各社からの電報ラッシュはエスカレートする。内容も、「モウギリギリ　シキュウ　オクレ」「アナガアク　スグ　ゲンオクレ」「イマスグ　オクレバ　ナントカナル」「ソチラノブンダケ　アケテアル」「モウマテヌアナガアイタ」のように、どんどん深刻になっていく。そしてとうとう、「ゲンオクルニオヨバズ　ヨソヘタノンダ」という電報が届いたのを境に、二人の漫画家としてのキャリアはいったん終わりを告げる。

ご自身の「負の体験」をえぐり出しながら生々しく描くのはⒶ先生の得意とするところだが、それにしても当時の電報、すなわち「字数が限られ、しかもカタカナのみであるがゆえに送り手の表情がきわめて見えにくい文字メッセージ」によって恐怖が増幅されているのは間違いない。もし出版社からの催促が全部電話だったら、ここまで恐ろしくはなかっただろう。このエピソードは私にとって長年のトラウマになっており、何が何でも締め切りだけは守ろうと心に決めている。おかげで今のところは、T嬢からも他の編集者からも「ゲンオクレ」のメッセージはもらわずに済んでいる。駆け出しなのに原稿を大量に落とすという大失敗をやらかした藤子不二雄の両先生がどうやって立ち直り、数々の名作を生み出す大家に成長していくのか、気になる方はぜひ『まんが道』を読んでいただきたい。キーワードは「ばかっ!!」「目の中に星」「飛び立つカラス」の三つだ。

私の記憶が正しければ、インターネットが普及し始め、メールやBBS（掲示板）でのやりとりが始まった一九九〇年代半ば頃は、文字によるコミュニケーションの「そっけなさ」や「冷たさ」がけっこう問題になっていたと思う。こちらが普通に書いたつもりの文章でも「怒ってるの?」と言われたことが何度かあるし、逆に他人が書いてよこした文章を読んで「怒ってるのかな?」と思ったこともある。そのあたりを補うためか、「(笑)」とか「(爆笑)」とか

「(爆)」とか「(核爆)」といったカッコ入りの表現や、いわゆる顔文字を使う人が多く出てきた。「(笑)」自体はそれ以前にも雑誌の対談記事なんかで使われていたが、個人が個人相手に送るメッセージ内で使うことが普及したのはこのときだったのではないかと思う。

当時の私は、「(笑)」を使うことを頑なに拒んでいた。なんとなく、相手に「ここ、笑うところですよ〜」「私、面白いこと言ってますよ〜」と言っているかのような気恥ずかしさがあったし、また「(笑)」を見るたびに「笑点」を連想してしまい、圓楽師匠(五代目)がメンバーの解答に爆笑しながら「アハアハアハ、山田くん、こん平さんに二枚あげなさ〜い」と言う場面が思い浮かんだからだ。今思えば別に「笑点」を連想したって何の問題もないのだが、当時は私もまだ二十代で、四歳年下のスーパースター・安室奈美恵さんのファッションを真似しては「アムラー」を気取るほどに body が feels exit していたので、自分の文章から木久蔵ラーメンや毎日香の香りがするのは耐えられなかったのだと思う。

ENRAKU
「はぁ〜愉快愉快」を
一文字で表すと

そんな自分が「(笑)」を使い始めたきっかけは、はっきり覚えている。二〇〇〇年代に流行

ったMMORPG、「ファイナルファンタジーXI（FFXI）」の中でのことだ。FFXIでは知らない人とパーティを組んで戦うことも多く、チャットでの会話にもそれなりに気を使った。そんな中、こちらの言うことがそっけなく聞こえないよう、私もとうとう「（笑）」を使うようになったのだ。

しかしゲーム中、チャットに「（笑）」をつけるのはなかなかたいへんだ。というのも、キャラクターを走らせたり戦わせたりする傍らでチャットの文字を打ち込まなくてはならず、そんな中で毎回「カッコ↓わらい↓漢字に変換↓『笑い』から『い』を削除↓カッコとじ」をやるのは相当な手間だからだ。そんな中、FFXI黎明期のプレイヤーの中で使われるようになったのが、他ならぬ「w」である。

ちなみに「w」には「2ちゃんねる発祥」という説

があるようだが、これはあまり信頼できない。というのも2ちゃんではゲーム中のチャットと違い、列車のように連なる多数のモンスターに追いかけられながらカキコ（死語）をする必要などないので、そもそも「ｗ」が発生する土壌がない。より信頼できるのは、一九九〇年代の海外ＲＰＧ「Diablo」シリーズを発祥とする説である。Diablo にもオンラインモードがあったが、チャット時にアルファベットしか入力できなかったため、日本人プレイヤーが「(笑)」を「(warai)」と表記し、それが次第に簡略化されて「ｗ（半角）」になったという。Diablo シリーズのプレイヤーがＦＦⅪに流れてきていたのは事実なので、(ii) そちらの影響は間違いなくあるだろう。しかし「日本語＋ｗ（全角）の組み合わせ」が爆発的に普及したのは、やはりＦＦⅪの内部であるはずだ。ＦＦⅪ内では「(笑)」→「ｗ」の他にも、「ＯＫ」（半角英数字）を「おｋ」（全角キーボードのままで打ち込んだ「ＯＫ」）と表記するなど、プレイ中のコミュニケーションを簡潔にするための表現が生まれていた。「ｗ」を2ちゃんねる発祥とする説が出てきたのはおそらく、2ちゃんにＦＦⅪ関連のスレッドが頻繁に立ち、ゲーム内で発生した迷言の数々がテンプレとして貼り付けられることが多かったためと考えられる。

当初は「(笑)」の簡略版としてチャットを和ませていた「ｗ」も、ゲーム内で広がるにつれて、徐々に妙な使われ方をするようになっていく。ＦＦⅪに多くのプレイヤーが参入して騒がしくなってきたころ、「パーティ中に起こったオモシロ事件」とか「私が出会った変なプレイヤー」などが2ちゃんのFFⅪ実況スレに頻繁に報告されるようになった。そんな中、「自分が攻撃することばかり考えて仲間のことを省みない、やたらとテンションの高い某プレイヤー」が放ったとされる「うはwwwwwおkwwwwww」とか「みなぎっっってきwたwぜwーーー!」といった台詞が人びとの注目を集め、何かにつけて引用されるようになる。現在、「w」を「馴れ馴れしい」「オタクっぽい」「嘲笑されている気がする」などという理由で嫌がる人も多いが、そういったニュアンスはこのあたりから来ているのかもしれない。ただ、「うはwwwwおkwwwww」と言い放ったプレイヤーがなぜそもそもこういう言い方をしたのか考えると、それはたぶん「w」が連なった様子が見た目的に面白かったからだろう。ケタケタ笑っているようにも見えるし、笑いで地面が振動しているようにも見える。

後年、これが「草が生えている」と形容されるようになり、現在「草生える」「草」が笑いの代名詞として使われているのは感慨深い。しかも、もともと「w」は書き言葉に欠けている

ii ——実は私もその一人だが、Diabloではオンラインモードでプレイしたことはなかったので、「(warai)」あるいは「w」という表現を見たことも使ったこともない。

「笑いの表情」を表す記号だったのに、そのヴィジュアルが「草」という言葉になって話し言葉に回帰したというのは、かなりレアな現象なのではないだろうか？　草関連の表現は、「草不可避」「草原」「大草原」「芝」「草オブ草」「おハーブが生えますわ」(iii)など、今なお変異と増殖を続けている。また近年では文字のメッセージに画像のスタンプが使われるようになったり、チャットを読み上げるソフトの棒読み加減が新たな味わいを加えたりしている。書き言葉と話し言葉、対面と遠隔の相互作用は、今後ますます面白くなるかもしれない。

iii――大@nani（原作）、吉緒もこもこ丸まさお（作画）の漫画『ゲーミングお嬢様』（集英社）で多用されている表現。同作は、格闘ゲームに命をかけるお嬢様たち（というか、お嬢様の皮をかぶった格ゲーマー）の青春を描くギャグ漫画。格ゲー（というかストリートファイターシリーズ）が好きな人は必見。

あとがき

私の記憶が正しければ、担当T嬢から『UP』連載のお話をいただいたのは二〇一七年の末頃だったかと思う。当時はフリーになってから一年も経っておらず、連載の依頼をもらったのは初めてのことだった。『UP』はそれより何年も前から愛読していたので、連載のお話は素直に嬉しかったが、同時に「何を書けばいいのか？」と不安になった。当時私が書いていたのは物語とか小説などのフィクションが中心だったので、そうでない文章で、しかも『UP』に載せられるようなものが自分に書けるかどうか分からなかったのだ。

そうやって悩みながら書いた連載第一回の原稿は、実際に『UP』に掲載されたものと主旨は同じであるものの、ギャグ的な要素はかなり控えめというか遠慮がちだった。要するにスベるのが怖くて、本来ならジャンプして三回転すべきところを一・五回転ぐらいで留めるという、なんとも思い切りの悪い感じになっていたのである。その点に対して、さっそくT嬢から容赦ないクレームが付いた。曰く、「笑いを取りに行くときは遠慮せずに取りに行かないと、読んでる方が恥ずかしくなるんですよね～」。それを聞いたときは、試合開始直後に顔面に飛びヒザを喰らったような思いがしたが、そこで完全に目が覚めたとも言える。なるほど、そういうものか、それなら思う存分スベり続けてやるぜ！と半ばキレ気味で出来上がったのが本連載のスタイルである。

ただし「スタイル」と言ってもそういうものが明確にあるわけでもなく、毎回「あれ？　この連載って、どうやって書くんだっけ？」と分からなくなる。三年続けて何も積み上がっていないことに愕然とするが、逆に「これが私のスタイル♪」などと思ってしまったら終わりという気もするので、これでいいのかもしれない。

本連載を始めて、いろいろと嬉しいこともあった。一つは、フィクション以外の文章の仕事が増えたことである。『ＵＰ』の読者には編集者の方がわりと多く、その方々がご依頼をくださったのである。それも元をたどれば、この連載を依頼してくれたＴ嬢のおかげである。Ｔ嬢は私の初の著書『白と黒のとびら』を世に出してくれた恩人でもあるので、私は今後も彼女に頭が上がらないと思う。

また、ＳＴＯ先生を始め、さまざまなジャンルの先生方とご縁ができたのも、本連載の思わぬ副産物だった。ＳＴＯ先生にはたびたびクレームという形でネタを提供していただいたことに感謝申し上げたい。
連載を本書にまとめるにあたり、プロレスラー、ミュージシャン、学者など多岐にわたる人物を巧妙な筆致と絶妙なセンスで描いてくださったイラストレーターのコジマ コウヨウさんに御礼を申し上げる。コジマさんのイラストを通してそれらの方々と「共演」できたのはとても嬉しかった。『自動人形の城』を読むＹＯＳＨＩＫＩの絵はタトゥーとして右肩あたりに入れたいぐらいだ。

『白と黒のとびら』シリーズと『自動人形の城』に続いてこの本の装丁をご担当くださった米谷豪さんには、これまでとは一八〇度異なるテイストの鮮烈な本に仕上げていただいた。「こう来たか！」という嬉しい驚きとともに、心からの感謝を申し上げたい。

最後に、連載中さまざまな形で応援してくださった『ＵＰ』読者の皆様に感謝を申し上げたい。『ＵＰ』を読んだことのない方で、本書をきっかけにＳＴＯ先生の連載やその他の『ＵＰ』の記事も読んでみたくなった方は、今すぐ東京大学出版会に定期購読を申し込まれることをお勧めする。そうすれば、年間二〇〇〇円で毎月ご自宅に送られてくるはずだ。筆者は今後も、『ＵＰ』紙面で皆様に少しでも楽しんでいただけるよう尽力していく所存である。そのためにもまずは、少し忙しくしているうちに溜まってしまった未見のプロレス動画を消化するところから始めたい。

二〇二一年五月

著者

著者略歴
川添愛（かわぞえ・あい）

作家。1973年生まれ。九州大学文学部卒業、同大大学院にて博士号（文学）取得。2008年津田塾大学女性研究者支援センター特任准教授、2012年から2016年まで国立情報学研究所社会共有知研究センター特任准教授。専門は言語学、自然言語処理。著書に『白と黒のとびら』（東京大学出版会、2013年）、『精霊の箱（上・下）』（東京大学出版会、2016年）、『自動人形の城』（東京大学出版会、2017年）、『働きたくないイタチと言葉がわかるロボット』（朝日出版社、2017年）、『コンピュータ、どうやってつくったんですか?』（東京書籍、2018年）、『数の女王』（東京書籍、2019年）、『聖者のかけら』（新潮社、2019年）、『ヒトの言葉　機械の言葉』（角川新書、2020年）、『ふだん使いの言語学』（新潮選書、2021年）、『論理と言葉の練習ノート』（東京図書、2021年）がある。

言語学バーリ・トゥード
Round 1　AIは「絶対に押すなよ」を理解できるか

2021年7月21日　初　版
2022年5月27日　第9刷

［検印廃止］

著者　川添愛

発行所　一般財団法人 東京大学出版会
代表者　吉見俊哉
153-0041 東京都目黒区駒場 4-5-29
http://www.utp.or.jp
電話 03-6407-1069　FAX 03-6407-1991
振替 00160-6-59964

印刷所　大日本法令印刷株式会社
製本所　大日本法令印刷株式会社

ISBN978-4-13-084101-6　Printed in Japan